ABHANDLUNGEN

AUS DEM

STAATSWISSENSCHAFTLICHEN SEMINAR

ZU

STRASSBURG I. E.

HERAUSGEGEBEN

VON

G. F. KNAPP.

HEFT X.

DR. SEBASTIAN HAUSMANN.

DIE GRUNDENTLASTUNG IN BAYERN.

STRASSBURG.

VERLAG VON KARL J. TRÜBNER.

1892.

DIE

GRUND-ENTLASTUNG

IN BAYERN.

WIRTHSCHAFTSGESCHICHTLICHER VERSUCH

VON

DR. SEBASTIAN HAUSMANN.

STRASSBURG.
VERLAG VON KARL J. TRÜBNER.
1892.

G. Otto's Hof-Buchdruckerei in Darmstadt.

VORWORT.

Den Anlass zu der vorliegenden Schrift hat eine am 1. Mai 1885 von der rechts- und staatswissenschaftlichen Fakultät der Strassburger Kaiser-Wilhelms-Universität gestellte Preisaufgabe gegeben, die folgendermassen lautete: „Es soll die bayrische Gesetzgebung betreffend die grundherrlich-bäuerlichen Verhältnisse aus der ersten Hälfte des 19. Jahrhunderts dargestellt und aus den thatsächlichen Verhältnissen erläutert werden“.

Bei Vertiefung in diese dankbare Aufgabe ergab sich für den Verfasser alsbald die Erkenntniss, dass diese „Erläuterung“ wesentlich in einer eingehenden Darstellung der thatsächlichen Verhältnisse, wie sie sich auf diesem Gebiete bis unmittelbar zu Beginn der Reformbestrebungen herausgebildet hatten, bestehen müsse. Damit schied sich die ganze Aufgabe gleichsam in zwei Theile: einmal in die Darstellung der grundherrlich-bäuerlichen Verhältnisse in der zweiten Hälfte des vorigen Jahrhunderts, und dann in die Darstellung der entsprechenden Reformgesetzgebung, die in dem Grundentlastungsgesetz vom 4. Juni 1848 gipfelte.

Die von mir eingereichte Arbeit ist, obwohl nur der erste Theil ausgeführt, der zweite mehr skizzenhaft gehalten war, seitens der genannten Fakultät unter Zuerkennung des Preises sehr wohlwollend gewürdigt worden. Trotz dieser äusseren Anerkennung war es mir klar, dass meine

Arbeit bei der Art der mir zu Gebote stehenden Quellen nicht tief genug gehen konnte; an Strassburg gebunden, war ich ausschliesslich auf das, immerhin sehr ergiebige gedruckte Quellenmaterial angewiesen. Vergleiche ich insbesondere meine Abhandlung mit andern ähnlichen Arbeiten, die ebenfalls der Anregung von Herrn Professor Knapp ihre Entstehung verdanken, so ist es für mich selbstverständlich, dass eine Bearbeitung des Stoffes mit eindringendem Studium der Akten eine äusserst lohnende Aufgabe gewesen wäre. Es lag mir auch lange Zeit der Gedanke solcher Ausführung nahe; durch den Eintritt in eine Stellung als Universitätsbeamter ist es mir aber unmöglich geworden, diesen Gedanken auszuführen.

Wenn ich mich nun doch noch entschlossen habe, die Arbeit ohne solche Vertiefung durch Aktenstudien im Wesentlichen in der mehr skizzenhaft gehaltenen Form zu veröffentlichen, in der sie vor vier Jahren bereits fertig gestellt war, so hat mich dabei besonders die Erwägung geleitet, dass sie vielleicht einem Andern, der unter günstigeren Bedingungen diesen interessanten Theil der bayrischen Wirthschaftsgeschichte zu bearbeiten unternimmt, immerhin als brauchbare Vorarbeit Dienste leisten wird. Dann aber dürfte die Arbeit auch in der skizzenhaften Durchführung gerade in dem Rahmen dieser von meinem verehrten Lehrer Herrn Professor Knapp veranlassten und geleiteten agrargeschichtlichen Studien insoferne eine bescheidene Stelle verdienen, als sie gegenüber den werthvollen Arbeiten, die wir über die nordöstlichen und nordwestlichen Agrarverhältnisse bereits erhalten haben und demnächst erhalten werden,[1] auch die entsprechenden Verhältnisse

[1] Ich denke hier, abgesehen von Professor Knapp's eigenem Werke über die Bauernbefreiung in Preussen, 2 Bde., Leipzig

eines wichtigen süddeutschen Gebietes von den gleichen Gesichtspunkten aus zu beleuchten versucht. Diese Erwägung ist auch der Grund dafür, dass der Herausgeber dieser Abhandlungen kein Bedenken trägt, die Arbeit auch in der vorliegenden Form der Sammlung einzuverleiben. Andererseits ist es mir auch angenehm, den jüngeren Generationen in Bayern die interessante und fast völlig abgeschlossen hinter uns liegende Entwicklung eines wirthschaftsgeschichtlichen Problems von grösster Tragweite wenigstens in gedrängtem Überblicke vorzuführen. Vielleicht wird so die kleine Studie auch ihrerseits dazu beitragen, weiterhin zu wirthschaftsgeschichtlichen Forschungen anzuregen. Wir haben zwar in Bayern, insbesondere durch die Thätigkeit des Herrn Professor Schanz in Würzburg, bereits manche verdienstliche Leistungen auf diesem Gebiete; immerhin stehen wir aber gegen Norddeutschland zurück und es liegt hier noch ein fruchtbares Feld zur Bethätigung eines wohlberechtigten Lokalpatriotismus offen.

Ich möchte bei dieser Gelegenheit noch daran erinnern, dass die vorliegende Schrift bereits die zweite Arbeit über bayrische Wirthschaftsgeschichte ist, die dem Strass-

1887, und der sich daran anschliessenden kleinen Schrift „Die Landarbeiter in Knechtschaft und in Freiheit", Leipzig 1891, an folgende Hefte der vorliegenden „Abhandlungen des staatswissenschaftlichen Seminars in Strassburg": A. Hertzog, Die bäuerlichen Verhältnisse im Elsass, erläutert durch Schilderung dreier Dörfer (1886); Carl Johannes Fuchs, Der Untergang des Bauernstandes und das Aufkommen der Gutsherrschaften, nach archivalischen Quellen aus Neuvorpommern und Rügen (1888); Astaf von Transehe-Roseneck, Gutsherr und Bauer in Livland im 17. und 18. Jahrhundert (1890); A. Hugenberg, Innere Kolonisation im Nordwesten Deutschlands (1891); F. J. Haun, Bauer und Gutsherr in Kursachsen, Schilderung der ländlichen Wirthschaft und Verfassung im 16., 17. und 18. Jahrhundert (1891). Von einer Schrift des Herrn Dr. Werner Wittich über die ländliche Verfassung Niedersachsens ist bisher der erste Theil als Dissertation in Darmstadt 1891 gedruckt.

burger staatswissenschaftlichen Seminar ihre Anregung verdankt; die erste war die Schrift des jetzigen Prager Universitätsprofessors Joseph Kaizl über den Kampf um Gewerbereform und Gewerbefreiheit von Baiern von 1799 bis 1868 (Leipzig 1879), eine Arbeit, mit der die meinige, was das zu Grunde liegende Quellenmaterial betrifft, grosse Aehnlichkeit haben dürfte.

Es bleibt mir an dieser Stelle noch die angenehme Pflicht zu erfüllen übrig, allen denjenigen, die mich bei Abfassung dieser Schrift unterstützt haben, meinen herzlichsten Dank auszusprechen. Es gilt dieser vor Allem meinem hochverehrten Lehrer, Herrn Professor G. F. Knapp in Strassburg, der wie schon angedeutet, die Anregung zu der ganzen Arbeit gegeben und mich bei derselben in reichem Masse gefördert hat. Des Weiteren habe ich dankbar zu nennen die Leiter und Beamten der Strassburger und Münchner Bibliotheken, Herrn Oberbibliothekar Professor Dr. Barack und Herrn Bibliothekar Professor Dr. Ludwig Müller in Strassburg, Herrn Direktor Dr. Laubmann und Herrn Oberbibliothekar Dr. Riezler in München; es ist nicht möglich, eine wissenschaftliche Arbeit durch liberaleres Entgegenkommen zu fördern, als es von diesen beiden Seiten geschehen ist. Nicht verfehlen möchte ich endlich, mit dem Ausdrucke ehrerbietigsten Dankes auch des wohlwollenden Interesses zu gedenken, das Seine Excellenz der Herr Staatsminister von Feilitzsch für meine kleine Arbeit bekundet hat.

Strassburg, im Dezember 1891.

Dr. S. Hausmann.

INHALT.

EINLEITUNG.

Der Ausgangspunkt der modernen bayrischen Landwirthschaft ist in der Mitte des vorigen Jahrhunderts gelegen. Es ist der Zeitpunkt, da man in Bayern daran ging, die alten, mannigfaltigen, grösstenteils nur auf dem Herkommen beruhenden Einrichtungen des gesammten bürgerlichen Lebens in die starren Formen geschriebenen Rechtes zu giessen.

Zwar wurde dabei in Wirklichkeit unter der umfassenden und unbestimmten Rubrik des „Ortsherkommens" die Konservierung und weitere Ausbildung aller möglichen Misstände den beteiligten Kreisen fast völlig in die Hand gegeben. Trotzdem war diese kodifizierende Zusammenstellung der Rechtsverhältnisse auf dem Gebiete der Landwirthschaft doch von der grössten Bedeutung; denn hier wurde gerade von der Zeit dieser Kodifikation an der Kampf gegen die alten Einrichtungen oder deren Auswüchse von zwei Seiten aus, die unter sich in innigstem Zusammenhange standen, aufgenommen und mit steigendem Nachdruck geführt.

Zunächst haben wir die Thatsache, dass auch in Bayern damals die Theorien der deutschen Naturrechtler vom omnipotenten Wohlfahrtsstaate mehr und mehr eindrangen, namentlich durch die kleineren Schriften von Wolff, die bei ihrem hausbackenen, allgemein verständlichen Lehrbüchertone grosse Verbreitung finden konnten. Der „eudaimonistische Eifer dieser Theoretiker für Reformen" (Schmoller), die der

Monarch vermöge der ihm übertragenen einheitlichen und unbedingten Gewalt zu unternehmen hat, zeigt sich auch bei den bayrischen Fürsten in der 2. Hälfte des vorigen Jahrhunderts. Bei der bisherigen rein agrarischen Entwicklung Bayerns war es selbstverständlich, dass diese fürstlichen Reformversuche gerade die Lage des Bauernstandes ins Auge fassten, bei dem die schreiendsten Missverhältnisse offen zu Tage traten und nicht zum Wenigsten bei den öffentlichen Abgaben und Leistungen sich fühlbar machten. Dabei hatte aber die theoretisch „einheitliche und unbedingte Monarchengewalt" in der Praxis ihre enggezogene Schranke an der ständischen Verfassung. Der Landesfürst war daher darauf angewiesen, seine Reformversuche auf seine unmittelbaren Unterthanen zu beschränken, und sein Beispiel den ständischen Grundbesitzern „zur Nachahmung zu empfehlen", wie es im Eingange zahlreicher Verordnungen jener Zeit ausdrücklich heisst.

Von noch grösserem Einflusse auf die Gestaltung der sozialen Lage des bayrischen Bauernstandes war andererseits die Entwicklung, welche seit Anfang des 18. Jahrhunderts die Doktrin des bisher nur empirisch behandelten Landbaues erfuhr.[1] Noch in der ersten Hälfte des 18. Jahrhunderts errang sich die Landwirthschaftslehre eine Stellung als selbstständiger Zweig der „Cameralien".[2] Und alsbald wurde die weder neue noch auch auf Deutschland beschränkte Diskussion über die Befreiung der Landwirthschaft von den Feudalbanden mit stets wachsender Energie geführt. Einerseits waren es Männer, die von grossen Gesichtspunkten ausgehend, nicht als Land-, sondern als Staatswirthe die Befreiung der Bodenproduktion forderten, Männer wie Thomasius, J. Möser, J. J. Moser, Beckmann, — „Staatsökonomen, welche die höhere Staatsaufgabe auch durch Befreiung von Zehent, Frohnden und ungemessenen Leistungen, kurz die Freiheit der

---

[1] Vgl. hierzu die Ausführungen bei C. Fraas, „Geschichte der Landbau- und Forstwissenschaft, seit dem 16. Jahrhundert bis zur Gegenwart" (München 1865), p. 93 ff, 108 ff und 322 ff

[2] Bekanntlich wurden 1727 an den Universitäten Halle und Frankfurt a. O. durch König Friedrich Wilhelm von Preussen die ersten Professuren für Oekonomie-, Polizei- und Kammersachen" eingerichtet.

Arbeit anstrebten".[1] Andererseits musste die Diskussion über die internen Fragen der Landwirthschaft bei dem innigen Zusammenhange der landwirthschaftlichen Betriebssysteme mit der sozialen Gliederung des Bauernstandes zu den gleichen Forderungen führen: so wenn v. Berg, Authenrieth u. A. Untersuchungen über die wirthschaftliche Bedeutung des Umfanges der Bauerngüter anstellten, oder wenn Beckmann, Justi, Wöllner, Grasmann die Abschaffung der Gemeinheiten, die Teilung oder Verpachtung der Gemeindegründe u. dgl. erörterten. All diese Erörterungen fanden in Bayern lebhaftesten Widerhall und wurden namentlich von den 70er Jahren an mit spezieller Rücksicht auf die thatsächlichen Verhältnisse der bayrischen Landwirthschaft von Männern wie Westenrieder, Rottmanner und Hazzi mit ebenso grosser Wärme als tiefem Verständnisse weitergeführt. Dazu kam die praktische Entwicklung der Bauernfrage in Dänemark und in dem kleinen Toskana, die in den bayrischen Intelligenzblättern sowie in den zahlreichen Broschüren und Flugschriften jener Zeit immer und immer wieder als Musterbeispiel herangezogen und besprochen wurden, während allerdings die Reformversuche der preussischen Könige auf ihren Domänen fast gar keinen Eindruck in Bayern gemacht zu haben scheinen.

Von der Zeit an, die wir oben als den Ausgangspunkt der modernen bayrischen Landwirthschaft bezeichnet haben, lassen sich in der Entwicklung derselben drei grosse Perioden unterscheiden: zunächst die Zeit von der Kreittmayr'schen Gesetzgebung bis zum Regierungsantritte Max Joseph IV. (1750 bis 1799), dann die Regierungszeit von Max Joseph IV. und Ludwig I. (1800 bis 1848), und endlich die neueste Zeit von 1848 bis zur Gegenwart. Die erste Periode stellt sich dar als die Zeit des „geteilten Eigenthums", der ungemessenen Scharwerke und Grundabgaben, in der die grosse Masse der landwirthschaftlichen Besitzer bei der fast vollständigen Ungewissheit bezüglich der Dauer ihres Besitzes, bei der drückenden Menge der Abgaben und bei der unzweckmässigen und stets unge-

[1] Fraas, a. a. O. p. 109.

wissen Zersplitterung von Arbeitszeit und Arbeitskraft kaum ihren vorhandenen Besitz ausreichend bebauen, geschweige denn an einen Fortschritt zu einem rationellen Betriebe denken konnten. Andererseits wird dieser Zeitraum charakterisirt durch das allenthalben mit immer grösserem Nachdrucke auftretende Verlangen nach Reformen, vor Allem in Bezug auf die Besitz- und Abgabenverhältnisse, dann aber auch bezüglich einer rationelleren Betriebsweise. Die Durchführung der ersterwähnten Reformen bildet den Kernpunkt der bayrischen Agrargesetzgebung unter den beiden ersten Königen: die grosse Masse der Bauern wird zu wirklichen Eigenthümern umgeschaffen, und ausserdem durch die dargebotene Möglichkeit, die auf ihnen lastenden Abgaben und Dienstleistungen abzulösen, auch in den Stand gesetzt, mit ungeteilter Arbeitskraft an der Hebung ihrer Wirthschaft zu arbeiten; gleichzeitig wird auch darauf hingewirkt, bezüglich des Umfanges der Bauerngüter und der Abrundung der einzelnen Wirthschaften einige Besserung herbeizuführen. Die letzte Periode endlich seit 1848 wird im Wesentlichen beherrscht von der Idee, durch Beseitigung der Gemengelage und möglichst allgemeine Arrondierung, durch Sicherung gegen die wirthschaftlichen Folgen der natürlichen Unfälle und durch Hebung des landwirthschaftlichen Kreditwesens die Landwirthschaft zu fördern und ihr in ihrem ganzen Umfange zu einem wirklich rationellen Betriebssystem zu verhelfen.

Zu einer vollen Würdigung der bäuerlichen Verhältnisse und ihrer Entwicklung wäre es nun allerdings notwendig, dieselben in ihrem Zusammenhange mit dem gesammten politischen und wirthschaftlichen Leben des Volkes ins Auge zu fassen. Schon aus äusserlichen Gründen ist an dieser Stelle eine solche umfassende Darstellung ausgeschlossen. Wir begnügen uns vielmehr damit, zur allgemeinen Orientirung nur diejenigen Punkte einer kurzen Erörterung zu unterziehen, die für die thatsächliche Gestaltung der den Bauernstand und die Gutsbesitzer betreffenden Rechtsnormen von tief einschneidender und teilweise von ausschlaggebender Bedeutung gewesen sind: es kommt hier zunächst die ständische Verfassung in Betracht, dann die schweren Misstände, die in Umfang und Organisation der Beamtenschaft vorhanden waren, endlich soll ein gedrängter Hinweis auf die allgemeinen Kultur- und Wohlstandsverhältnisse sich anschliessen, soweit dieselben zur richtigen Würdigung der Bauernverhältnisse notwendig erscheinen.

A. DIE STÄNDE. [1]

Der tiefgreifendste Gegensatz innerhalb der Bevölkerung Bayerns, der für die ganze innere Entwicklung massgebend wurde, war die Unterscheidung in die gefreiten Landstände, d. h. jene Personen und Korporationen, denen Sitz und Stimme auf dem Landtage zustand, und in die nicht ständischen Landesangehörigen. Zu den Ständen gehörten der Adel, die Prälaten und die Städte und Märkte, soweit die letzteren besondere Privilegien dafür erhalten hatten.

Schon vor der ersten Teilung in Ober- und Niederbayern (1255) hatten die geistlichen und weltlichen Grossen einen weitgehenden Einfluss auf die Landesregierung geübt. Es ist nun selbstverständlich, dass dieser Einfluss bei den fortgesetzten Teilungen und Streitigkeiten der herzoglichen Brüder und Vettern immer grösser werden musste. So waren noch im 13. Jahrhundert viele Klöster und weltliche Grossgrundbesitzer zu einer gewissen Gerichtsbarkeit gelangt, und schon in dem Landfrieden von 1300 finden wir die Bestimmung, dass gewisse Strafen der Richter, die bei dem Rechtsprechen nicht das geschriebene Rechtsbuch zur Hand haben, nicht mehr — wie es noch in dem vorausgehenden Landfrieden von 1281 heisst — dem Herzoge, sondern dem „Ge-

[1] Vgl. für diesen Abschnitt namentlich: Kreittmayr, Grundriss des allgemeinen deutschen und bayrischen Staatsrechts, München 1770, 3. Teil p. 410 ff, sowie Kreittmayr's Anmerkungen zu dem Codex Max. Bavar. Civ. und Cod. M. B. Jud.

richtsherrn“ übergeben werden müssen. Die eigentliche Entscheidung für die ganze Entwicklung trat im Jahre 1311 ein, da Herzog Otto von Niederbayern, von schweren finanziellen Verlegenheiten bedrängt, sich an seine Grossen wenden musste, und am 15. Juli d. J. den geistlichen und weltlichen Grossen sowie den Städten gegen Bewilligung einer Steuer alle Gerichte förmlich verkaufte, „die nicht ze Tode ziehent“. Nur in den reservierten Fällen, über Lehen und über Eigentum haben die herzoglichen Landgerichte zu entscheiden, die gleichzeitig — Anfang des 14. Jahrhunderts — an die Stelle der alten Grafschaftsgerichte getreten waren.

Diese finanziellen Verlegenheiten der bayrischen Herzöge wurden in Folge der Streitigkeiten des 14. und 15. Jahrhunderts, sowie bei der Prachtliebe einzelner Fürsten zur Regel. Es war deshalb für die Stände ein Leichtes, sich immer und immer wieder die Bestätigung und Erweiterung der alten Privilegien zu verschaffen, die ihnen in einer langen Reihe von sog. Freiheitsbriefen zugestanden wurden. Auch in Oberbayern erhielten die Stände schon bald weitgehende Privilegien, wenn auch nicht in dem gleichen Umfange wie in Niederbayern, da in Oberbayern die finanziellen Verlegenheiten der Fürsten seltener und geringer waren. Im Jahre 1506 aber, bei der sog. Landesreunion, wurden die Freiheiten der niederbayrischen Stände in ihrem ganzen Umfange auch auf Oberbayern übertragen.

In dem 16. Jahrhundert erfolgte noch weitere Ausdehnung. Die erwähnte sog. „Ottonische Handfeste“ von 1311 bewilligte den Ständen die niedere Gerichtsbarkeit nur auf ihren Hauptgütern, — „soweit es mit Thür und Thor beschlossen ist“. Nach der Landesreunion aber wird in der „erklärten Landesfreiheit“ von 1516 diese Gerichtsbarkeit auch auf die „ausserhalb des Dorfes Etter“ liegenden, zur Hofmarch — d. h. dem adeligen Landgute — gehörenden Grundstücke ausgedehnt; 1557 endlich wurde dieselbe von Herzog Albrecht sogar für die sog. „einschichtigen“, d. h. inmitten eines herzoglichen Landgerichts gelegenen Besitzteile anerkannt, — eine Erweiterung der Privilegien, die zunächst nur für den Adel allein gelten sollte.

a) Was nun zunächst den Adel im Besondern betrifft, so unterscheidet er sich in den mehr und minder gefreiten, je nachdem der Einzelne sich im Besitze der „Edelmannsfreiheit“ befindet oder nicht. Diese Edelmannsfreiheit besitzt der Einzelne entweder auf Grund einer landesherrlichen Spezialkonzession oder durch den Nachweis, dass seine Voreltern schon im Jahre 1557 dem bayrischen Ritterstande angehörten.[1] Es ist also dieser mehr gefreite Adel im Wesentlichen der alte bayrische Adel, um so mehr als wegen gröblicher Missbräuche der damit verbundenen Vorrechte Kurfürst Maximilian sich veranlasst sah, durch Dekrete von 1641 und 1646[2] die weiteren Erteilungen der Edelmannsfreiheit wesentlich einzuschränken.

Die besonderen Wirkungen des Besitzes dieser Edelmannsfreiheit waren: zunächst die Jurisdiktion auch auf den einschichtigen Teilen des adeligen Landgutes, dann die Ausübung des sog. kleinen Waidwerks auch auf landgerichtischem Boden, endlich einige Sonderbestimmungen beim Erbgang. Einzelne adelige Güter, die speziell den Namen „Herrschaften“ führten, besassen sogar die hohe Gerichtsbarkeit (oder den „Blutbann“), sowie die freie Gerichtsbarkeit, sodass sie vollständig von den Landgerichten eximiert waren und auch die landesherrlichen Mandate unmittelbar durch die höheren Dikasterien zugestellt bekamen.

Die übrigen Angehörigen des Adelstandes, die den minder gefreiten Adel bildeten, besitzen nur die sog. „alte Hofmarchsgerechtigkeit“, d. h. eben jene niedere Gerichtsbarkeit, wie sie in der Ottonischen Handfeste verliehen oder verkauft worden war. Diese alte Hofmarchsgerechtigkeit haftet am Grund und Boden, sodass also jeder, der die Hofmarch an sich bringt, zugleich auch die Hofmarchsgerechtigkeit mit erwirbt. Es kann aber nach einem Mandat vom 20. April 1672[3] und dann nach den Bestimmungen des Cod.

---

[1] Vgl. hierzu Kreittmayr, Anmerkungen über den Cod. Max. Bavar. Civ. V. Teil, 22. Cap. p. 877.

[2] 1. März 1641 und 3. April 1646; cfr. Kreittmayr, l. c. p. 441 f. und p. 445 f.

[3] Vgl. Sammlung von 1771 p. 85.

Max. Bav. Civ. keiner, der nicht schon dem Adel angehört, ohne besonderen landesherrlichen Consens eine Hofmarch an sich bringen; allerdings aber waren die Taxen für diesen Consens so hoch gestellt, dass im einzelnen Falle wohl nicht allzu grosse Schwierigkeiten erhoben wurden.

Diese Hofmarchsgerechtigkeit umfasst nun zwei Seiten, die beide für den Besitzer Anlass zu Einnahmen darbieten: einerseits die potestas judiciaria oder jurisdictio patrimonialis, die niedere Gerichtsbarkeit im engeren Sinn des Wortes — Bestellung eigener Richter und Bestrafung der kleineren Vergehen, andererseits die Obsorge in Polizeisachen, die insbesondere eine reiche Einnahmequelle darstellt;[1] es handelt sich hier um alle möglichen Visitationen und Bewilligungen, Untersuchung von Mass und Gewicht, Aufsicht über die Einhaltung der Taxen und über die Beobachtung der polizeilichen Vorschriften, auch öffentliche Vergantung liegender Gründe u. s. w. Einzelne Punkte, so speziell den letzterwähnten, besassen die Hofmarchsherrn allerdings nicht an und für sich, sondern nur wenn dieselben im Einzelnen „hergebracht" waren; allein Kreittmayr meint, in seinem Grundriss des Staatsrechts, „es werden nur wenige sein, die es nicht hergebracht haben". Überhaupt hatte ja, trotz der ausgesprochenen Vorliebe gerade des bayrischen Stammes für geschriebenes Recht, das Herkommen eine so tiefeinschneidende

[1] Freilich ist hier nicht zu vergessen, dass dabei für den Inhaber der Hofmarchsgerechtigkeit einerseits die Ausgaben für seine Beamten, andererseits die kollossalen Unterschlagungen eben dieser Beamten ins Gewicht fielen, die damals fast ausnahmslos in grösstem Umfange betrieben wurden. So erklärt es sich, wenn es in einer, weiterhin noch näher zu erwähnenden Schrift von Pelkhoven im J. 1799, die allerdings als Vertheidigungsschrift der ständischen Vorrechte an möglichst ungünstiger Schilderung der finanziellen Bedeutung dieser Vorrechte ein Interesse hat, einmal heisst: „Die Gerichtsgebühren sind wohl die geringste, unzuverlässigste Rubrik in jedem Gutsanschlage; sie werden selten für mehr als eine Dareingabe gerechnet. — Bey den Gütern des Adels und der Geistlichkeit absorbiren die Verwalter und Richter ganz diese Erträgniss, und sie ist bey weitem den Lärmen und den Hass des Volkes nicht werth, den sie, wiewohl nicht halb so verdient, auf die Gutsherrn zurückwirft". (Pelkhoven, Ueber die Ursachen des wachsenden Missvergnügens in Bayern, München 1799, p. 35.)

Bedeutung![1] Es war deshalb der Umfang der dem einzelnen Hofmarchsherrn zustehenden Rechte natürlich ausserordentlich dehnbar.

Eine besondere Art von adeligen Besitzungen waren die Edelsitze (oder Sedelhöfe), bei denen ohne besonderes Privilegium die Gerichtsbarkeit nicht „über das Dachtrauf geht". Die sog. Vogtei aber, die mit zahlreichen Hofmarchen verbunden war, war nichts anderes als die Summe gewisser Gerechtsame, die dem Hofmarchsherrn über einzelne nicht zur Hofmarch gehörende Güter, bald mit bald ohne Jurisdiktion, zustanden.

Von wesentlichem Einflusse auf die Gestaltung der thatsächlichen Verhältnisse war endlich das Privileg der Sigelmässigkeit, kraft dessen die Hofmarchseigentümer die Besitzurkunden für ihre Grundunterthanen völlig selbständig und unabhängig von den Landgerichten anfertigen konnten.[2] Diese Sigelmässigkeit hing unmittelbar mit der Gerichtsbarkeit zusammen, die dem Inhaber einer Hofmarch zustand und es war für ihren Besitz völlig gleichgiltig, ob der Hofmarchsherr adelig war oder nicht.[3] Es liegt auf der Hand, dass mit diesem Rechte jegliche Kontrolle über die Art und Weise, wie die Besitzurkunden, die Grundgerechtigkeitsbriefe u. dgl. ausgestellt wurden, ausgeschlossen und damit die Schaffung eines „Herkommens" wesentlich erleichtert war.

b) Die Prälaten, sowie die Städte und die landständischen Marktflecken (die „Bannmärkte") waren im Besitze der Niedergerichtsbarkeit, mit den nämlichen, nur durch die besonderen

---

[1] Vgl. Kreittmayr, Anmerkungen zum Cod. M. B. Civ., I. Teil, 2. Cap. § 15, p. 92 ff.

[2] „In eigenen Handlungen hat die Fertigung einer sigelmässigen Person so viel Kraft, als die obrigkeitliche Protokollierung oder Brieferrichtung in Handlungen unsigelmässiger Personen". Kreittmayr, Anmerkungen zum Cod. M. B. Civ., V. Teil, p. 900.

[3] „Mag sich also dessen (d. h. des Jus sigillandi) keiner, er sei gleich so adelig und sigelmässig (d. h. berechtigt, sein eigenes adeliges Wappen zu führen) als er immer will, ohne Gerichts- und respective Grund- oder Lehenherrschaft nimmerhin anmassen, wobingegen solches auch unadeligen und ungefreyten Hofmarchsinhabern als ein effectus jurisdictionis allerdings gebührt". Kreittmayr, a. a. O. p. 901.

Verhältnisse mannigfach modifizierten Wirkungen derselben, wie wir sie eben beim Adel kennen lernten. Speziell bei den Klöstern scheint dabei das „Herkommen“ eine ganz besondere Rolle gespielt zu haben; es waren ja gerade unter den Wittelsbachern zwar recht gewaltthätige, aber auch sehr fromme Männer, die besonders bei den Klöstern, namentlich wenn es sich gleichzeitig um einen Geldzuschuss handelte, gerne ein Auge zudrückten; ausserdem wussten gerade die Klöster und ihre Prälaten — wie u. A. die „chronologische Geschichte des Klosters Ramsau von Reithofer 1815“ ein treffliches Beispiel bietet — in der Erweiterung ihrer Privilegien eine ganz bewunderungswürdige Konsequenz und Ausdauer zu entwickeln. Die Privilegien und Burgfriedenskonzessionen der Städte und Bannmärkte waren dem Umfange nach ausserordentlich verschieden; die Hauptstädte besassen sogar die hohe Gerichtsbarkeit, während bei den übrigen Städten und namentlich bei den Bannmärkten auch die Niedergerichtsbarkeit noch vielfachen Einschränkungen unterlag.

Was den Anteil der Stände an dem Grundbesitz betrifft, so wird hierüber im ersten Teile der Arbeit das Nötige mitgeteilt werden. An dieser Stelle hier sei bezüglich der Zahl der Stände im Allgemeinen nur so viel angeführt, dass dieselbe zeitweilig durch die zahllosen Kriege ausserordentlich stark vermindert wurde und im Allgemeinen stetig abnahm, solange nicht die notwendig werdende Erweiterung der Staatsverwaltung einen grösseren Hofadel schuf. So führt Buchner[1] in seiner bayrischen Geschichte an, dass von dem Regierungsantritte Maximilian I. bis zum letzten bayrischen Landttage (1669, von da an trat nur mehr ein Ausschuss der Stände jährlich zusammen) die Landstände sich fast auf die Häfte verminderten. In dem genannten Jahre betrug die Zahl im Ganzen nur 468, nämlich 94 Prälaten, 96 Städte und 278 Landsassen, d. h. Besitzer von adeligen Gütern. Hervorgehoben sei noch der ungeheure Anteil an dem Grundbesitz, der auf die zahlreichen Klöster entfällt (1776 waren es in Ober- und Niederbayern 120, in der Oberpfalz 18);

[1] A. Buchner, Geschichte von Bayern, IX. Bd., 1853; p. 12.

es ging diese Mehrung ihres liegenden Besitzes so weit, dass die bayrischen Fürsten, trotz der entschiedenen Stellungnahme für die katholische Konfession, sich im Gesammtinteresse des Landes veranlasst sahen, durch das sog. Amortisationsgesetz von 1672 und dessen Erweiterungen oder Neueinschärfungen, durch zahlreiche Verordnungen, besonders vom 1. Aug. 1701, 16. Dez. 1730 und 13. Okt. 1764, dem Anwachsen des Grundbesitzes der Klöster entgegenzutreten.[1] Und als Karl Theodor in seiner grenzenlosen Geldverlegenheit durch die päpstliche Bulle vom 7. Sept. 1798 die Erlaubnis erhielt, den siebenten Teil des Klostervermögens an sich zu nehmen, da wurde dieses Siebtel auf 15 Millionen Gulden geschätzt!

B. DIE BEAMTEN.

Von vielseitigem und tiefeinschneidendem Einflusse auf die gesammten wirthschaftlichen Verhältnisse und namentlich auch auf die thatsächliche Lage des Bauernstandes in dem hier in Frage stehenden Zeitraume waren die Misstände, die bei dem damaligen Beamtentum herrschten. Dieselben beruhten einerseits auf dem unverhältnismässig grossen und deshalb viel zu kostspieligen Beamtenapparate sowohl bei dem Hofe als bei der Landesverwaltung, andererseits auf gewissen inneren Missverhältnissen der Organisation bei der Verwaltung, namentlich aber bei der Rechtspflege.

Was zunächst den ersterwähnten Punkt betrifft, so ist ja der übertrieben umfangreiche bayrische Hofstaat der damaligen Zeit bekannt. Es sei hier, ohne näher auf diesen Punkt einzugehen, nur auf eine Zusammenstellung der kurfürstlichen Hofämter aus dem Jahre 1783 verwiesen, die Westen-

---

[1] Es kommen hier in Betracht: Dekret vom 20. Febr. 1669, vgl. Mayr, Generaliensammlung, IV. Bd., p. 959; vom 1. August 1701, vgl. Mayr, IV. Bd., p. 756 oder Döllinger, Verordnungensammlung, XI. Bd., p. 1263; vom 16. Sept. 1730, vgl. Mayr, IV. Bd. p. 771; vom 10. Mai 1756, vgl. Döllinger, a. a. O. p. 1266; vom 13. Okt. 1764, vgl. Döllinger a. a. O. 1269; endlich der Cod. M. B. Civ. P 2, Cap. 2, § 4 n. 2.

rieder für seine Beschreibung Münchens aus dem Hofkalender entnommen hat.[1] Darnach umfassten die 6 Hofstäbe ein Personal von nicht weniger als 1054 besoldeten Personen. Und ebenso grossartig und kostspielig war die Militärorganisation, über deren übermässigen Reichtum an hohen Stellen in einer vielverbreiteten Monatsschrift der damaligen Zeit einmal mit einiger Übertreibung aber nicht ohne Grund gesagt wird:[2] „So ist zum Beyspiel die Charge eines Grossadmirals zu einigen wenigen Rheinschiffen so überflüssig, wie die verschiedenen Generalfeldmarschälle der Armee. Der letztverstorbene Churfürst hatte so viele Generale, dass man sagte, er könne einen Feind mit einem Corps von lauter Generalen zum Lande heraustreiben".

Bezüglich des Regierungsapparates lässt sich ebenfalls nicht in Abrede stellen, dass derselbe für den damaligen Umfang Bayerns viel zu grossartig war.[3] Und leider entsprach dem Umfange des Regierungspersonals nicht etwa die Schnelligkeit der Erledigung der Geschäfte; vielmehr herrschte ein furchtbar schleppender Geschäftsgang, verbunden mit fortwährenden und stets sich steigernden Rückständen.

Im Besonderen interessiren uns hier die Organisation der Rechtspflege und die Verwaltung der Kameral- und Finanzsachen; doch müssen wir uns auch hier auf kürzere Hinweise beschränken.

Für das erstere Gebiet[4] war das Centralorgan das Revisionsdikasterium oder das Revisorium zu München, als dritte Instanz in allen Justizsachen. Unter diesem Centralorgan

---

[1] Beschreibung der Haupt- und Residenzstadt München im gegenwärtigen Zustande, von Professor Westenrieder. München 1783, p. 85 ff.

[2] Politisches Journal (Hamburg), März 1784, p. 230. Vgl. dazu Westenrieder a. a. O. p. 93.

[3] Interessant ist hierfür die Vergleichung des Regierungspersonals in München im Jahre 1783 — Westenrieder a. a. O. p. 89 — und andererseits in Berlin 1777 — Nicolai, Beschreibung von Berlin und Potsdam, 1779, II. Bd., p. 429.

[4] Eine umfassende Darstellung der Gerichtsorganisation überhaupt und der ständischen Gerichtsbarkeit im Besonderen s. bei Kreittmayr, Anmerkungen über den Cod. J. B. J. 1 cap. § 21 und 22.

standen die 4 Regierungen, in die das ganze Land geteilt war; dieselben hatten die Kriminaljurisdiktion und fungierten als zweite Instanz in Civilsachen für die unter ihnen stehenden Land- und Pfleggerichte und für die Hofmarchsgerichte.

Für das zweite Gebiet war das Centralorgan die Hofkammer zu München, die mit dem Anwachsen der Kameralgeschäfte in verschiedene Deputationen oder Collegia abgeteilt wurde; eine besondere Landeskultur- und Manufakturdeputation ward 1762 ins Leben gerufen. Die Thätigkeit der Hofkammer umfasste die aus den Kammergütern oder den Regalien fliessenden Einnahmen und das Steuerwesen. Unter dieser Hofkammer standen die Rentmeister, die sich an der Spitze der 4, den Regierungen entsprechenden Rentämter befanden. Diese Rentmeister waren von sehr grosser Wichtigkeit; denn ihre Thätigkeit beschränkte sich keineswegs auf die unmittelbare Erhebung und Verwaltung der landesherrlichen Gefälle; sie bildeten vielmehr eine Art Aufsichtsbehörde über alle Unterbehörden und hatten sich auf ihren „Umritten" — für die ihnen besondere umfangreiche Instruktionen[1] gegeben wurden — nach allen möglichen Verhältnissen, nach der Amtsführung der Beamten, von der Regierung Max Joseph III. an (Mitte des 18. Jahrhunderts) insbesondere auch nach dem Zustande der Landeskultur zu erkundigen und darüber Berichte einzusenden.

Nun ist es zunächst bei den ständischen Gerichten sehr nahe liegend, dass bei ihrer Besetzung, da die materiellen Interessen ausschlaggebend im Vordergrunde stehen, auf die Qualifikation der betreffenden Persönlichkeiten wenig oder gar keine Rücksicht genommen wurde. „Es war", sagt Lerchenfeld,[2] „die Handhabung der Gesetze ein nutzbares Recht; man liess dieselben der abfallenden Sporteln wegen durch Beamten versehen, bei deren Anstellung möglichste Kosten-

---

[1] Besonders wichtig die Instr. vom 3. Jan. 1774, darnach der Rentmeiser mindestens alle 3 Jahre das ganze Rentamt bereist haben soll. Vgl. Meyr, Sammlung der kurpfalzbayerischen Landesverordnungen. I. Band 1784, 2. Teil (Finanzsachen) No. LX.

[2] Lerchenfeld, Geschichte Bayerns unter König Max Joseph I. (1854) p. 17.

sparung und höchster Ertrag die leitenden Gesichtspunkte waren". Besonders wichtig war dabei noch die Einrichtung, dass der einzelne angestellte Richter vollständig von dem Hofmarchsherrn abhängig war; es konnte zwar der letztere in einem Streitfalle mit seinem eigenen Richter nicht selbst über diesen richten, wohl aber hatte er, der Hofmarchsherr, einen dritten unparteiischen Richter zu bestellen.

Bei den kurfürstlichen Stellen aber haben wir vor Allem die unselige Thatsache, dass dieselben bei dem völligen Mangel jeglichen geordneten Pensionswesens geradezu zu Versorgungsanstalten einzelner Familien und deshalb teilweise so gut wie erblich wurden; nicht selten wurde eine Stelle von solchen Berechtigten gegen eine Abfindungssumme an einen dritten überlassen. Ein weiterer besonders tief greifender Übelstand lag dann in der Besoldung resp. Nichtbesoldung der einzelnen Staatsdiener. Nur die Mitglieder der höheren Kollegien bezogen ihren festen, teilweise übertrieben hohen Gehalt, während die unteren Beamten fast ausschliesslich von den Sporteln und Taxen leben mussten. Aus dem erstern Umstande erklärt sich, dass namentlich seit Mitte des vorigen Jahrhunderts — als der Kurfürst Max Joseph III. durch ein ausgedehntes Sparsystem auf allen Gebieten den Finanzen etwas aushelfen wollte — die höheren Stellen bei den Centralorganen besonders gerne mit adeligen Grundbesitzern besetzt wurden, die auf das Einkommen überhaupt verzichteten. Da nun aber die einträglichen Mittelstellen bei den Regierungen und Rentämtern ohnehin ganz in den Händen des Adels, besonders von weniger vermöglichen Familien waren, so war eine derartige Einrichtung für die Kontrolle der ständischen Gerichte, sowie für den Instanzenzug von diesen letztern an die Regierungen und von da an die Centralstelle von nicht geringer Bedeutung. Ebenso klar liegt andererseits die Thatsache, dass die unbesoldeten Unterbeamten, bei denen ja ohnehin persönliche Tüchtigkeit und ehrenhafter Charakter nicht als notwendige Voraussetzungen galten, grösstenteils ihre Stellungen nach dem ausgedehntesten Ausbeutungssystem

---

[1] Meyr, l. c. II. Bd., 5. Teil, No. CVIII.

verwalteten. Sehr bezeichnend ist hierfür ein Generalmandat vom 22. Febr. 1772,[1] worin es sich um die Verteilung von Getreide an Nothleidende handelt; es heisst darin: — „man soll die Erkundigungen nach den Bedürftigen ja nicht durch die meistens eigennützigen Amtsleute einziehen lassen“ — und das in einer Zeit, in der die grosse Theuerung eine so furchtbare allgemeine Notlage herbeigeführt hatte! Im Jahre 1779 versuchte Karl Theodor eine Reform in diesem Punkte durchzuführen, indem durch das Dekret vom 29. Juli die Gerichtsschreiber und Schergen angewiesen werden, bei Strafe der Amtsentsetzung — „die wir ihnen im Betretungsfalle ganz gewiss wahr machen werden!“ — sich nichts mehr anzueignen, was nur immer zum Begriffe von Taxen oder Gerichtssporteln gehört, da sie statt dessen von 1780 an festen Gehalt beziehen würden. Als Grund für diese Massregel wird im Eingange der Verordnung selbst angegeben: „die ungeheure Bedrückung, womit insbesondere der Bürger- und Bauernstand sowohl durch das Übermass, als durch andere heimliche und sonst künstliche Gerichtstaxenerpressung von jeher allerzeit hergenommen und belästigt worden ist.“ Die gute Absicht des Kurfürsten scheiterte aber an dem einmütigen Widerstande des Beamtenstandes, und schon am 17. Nov. 1783 werden die Fixa für die Gerichtsdiener wieder aufgehoben; — nur dass jetzt der Gerichtsdiener die Sporteln nicht mehr selbst bei den Parteien einholen darf, sondern dieselben bei Gericht erheben und in das Ausgabebuch eintragen lassen muss.

Es ist äusserst charakteristisch, wie dieser wunde Punkt in den zahlreichen Broschüren behandelt worden ist, die in den letzten Jahrzehnten des vorigen Jahrhunderts teils gegen und teils für die Stände geschrieben sind. Nirgends wird die Thatsache der schreiendsten Misbräuche etwa in Abrede gestellt, es wird vielmehr immer nur die Frage ventilirt, ob diese Misbräuche bei den ständischen oder bei den kurfürstlichen Gerichten grösser seien. So heisst es einmal bei Pelkhoven, indem er die Angriffe gegen die ständische Ge-

[1] Pelkhoven, a. a. O. p. 13 f.

richtsbarkeit bekämpft:[1] „Die Habsucht der fürstlichen Beamten wird, nach dem heutigen Beyspiele zu schliessen, jener der Stände nicht viel gewichen seyn, und selbst heut zu Tage wünschen mehrere gerichtliche Unterthanen lieber unter dem Schutze eines gemässigten und billigen Hofmarchsherrn zu stehen, als den ewigen Plackereyen der gerichtlichen Schergen unterworfen zu seyn. Wollte auch mancher gutherzige Beamte einige Posten auf dem Taxzettel nachsehen, so sind ihm die Hände gebunden, weil auch der Unterbeamte, die Schreiber, Gerichtsdiener, Bothen etc. zu kurz kommen würden. Kurz: alles, was der Herr Verfasser (der Abhandlung „über den Werth und die Folgen der ständischen Freyheiten") den Hofmarchsherrn bey Verwaltung der Justiz, und Ausübung der Niedergerichtsbarkeit zur Last legt, alle Missbräuche, die in dem Unterrichte eines alten Beamten (eine satyrische Schrift von Rottmanner, 1783 in Linz erschienen) gerügt werden, geschehen in weit drückenderem Masse bey den kurfürstlichen Gerichten und Kastenämtern, gegen die man nicht einmal eine Klage zu erheben sich getrauen darf, ohne in der Folge doppelt und dreyfach dafür büssen zu müssen."

Wenn deshalb Frau von Staël einmal in ihren Memoiren erzählt, sie hätte in ganz Europa nirgends eine solche Kriecherei nach oben verbunden mit Brutalität nach unten gesehen wie bei den deutschen Subalternbeamten, so dürfte ihre Schilderung insbesondere für das Bayern jener Zeit keineswegs übertrieben sein. Eine allgemeine Änderung trat in diesen Misständen erst ein mit der neuen Verwaltungsorganisation zu Anfang unseres Jahrhunderts unter Montgelas.

C. ALLGEMEINE VERHÄLTNISSE.

Es is selbstverständlich ausgeschlossen, an dieser Stelle auf eine nähere Darstellung der Gesammtlage Bayerns im vorigen Jahrhundert einzugehen; immerhin möchten wir wenigstens einige flüchtige Bemerkungen bezüglich der allgemeinen Wohlstands- und Kulturverhältnisse nicht unterlassen, da uns dieselben zur Würdigung und zum vollen Verständniss der Lage des damaligen Bauernstandes nicht unwichtig scheinen.

Schon der oberflächlichste Blick auf die Geschichte Bayerns sagt uns, dass wir in dem Bayern des vorigen Jahrhunderts einen besonders grossen Wohlstand nicht erwarten dürfen. Liegt doch Bayern auf der grossen Heerstrasse von Osten nach Westen, die alle grossen Bewegungen seit den ersten Wanderungen der germanischen Stämme eingehalten haben. Wenn einst im 10. Jahrhundert sich die Ungarn redlich Mühe gaben, bis zum Lech und zur Wertach herauf alle Spuren menschlicher Kultur zu vernichten, wenn dann die fast ununterbrochenen Fehden der stets uneinigen Fürsten unsägliches Elend über ihre Länder brachten, wenn nach den entsetzlichen Verwüstungen des dreissigjährigen Krieges Bayern durch die grossartigen Bemühungen von Ferdinand Maria sich kaum soweit erholen konnte, dass seine abermalige Verheerung und Plünderung in dem spanischen und österreichischen Erbfolgekriege auch nur die Mühe lohnte, — so wäre auch ohne den übertriebenen Luxus einzelner Wittelsbacher ein besonders glänzender Aufschwung des allgemeinen Wohlstands unmöglich gewesen. So finden wir denn auch in der zweiten Hälfte des vorigen Jahrhunderts den nicht grundbesitzenden Adel grossenteils verarmt, die adeligen Grundbesitzer tief verschuldet, in den Städten das entartete Zunftwesen, das jede freie wirtschaftliche Entfaltung verhinderte, auf dem Lande einen schwer bedrückten Bauernstand. Wirklich wohlhabend waren — wie schon erwähnt — nur die Klöster sowie die milden Stiftungen. Allein so unleugbar es ist, dass die Klöster Bayerns in früheren Zeiten sich grossartige Verdienste, besonders auch um die Kultivierung von Grund und Boden erwarben, ebenso ist es zweifellos, dass sie es im vorigen Jahrhundert nicht mehr für notwendig hielten, ihren früheren Verdiensten noch neue hinzuzufügen. In den Reisebeschreibungen und in statistischen Arbeiten über jene Zeit finden sich immer wieder die Klagen, dass gerade die Klöster ihren Grundunterthanen gegenüber mit der grössten Härte und Rücksichtslosigkeit verfuhren, während doch bei ihnen die Entschuldigung schlechter eigener Finanz-Verhältnisse nicht wie bei dem Adel vorhanden war. Insbesondere waren die zahlreichen Mendikantenklöster — in Bayern und in der Oberpfalz waren es über 50 mit fast 2000 Angehörigen — durch ihre unaufhörlichen Kollekten eine schwere Bürde für die Landbevölkerung, die für diese Sammlungen überwiegend in Betracht kam; nach einer Angabe von Westenrieder [1] hatten die Franziskaner allein im Jahre 1768 fast 130000 fl. in Geldalmosen und wohl ebensoviel in Naturalien zusammengebracht!

Und ebenso unerquicklich wie die materiellen Verhältnisse zeigt sich uns der allgemeine Kulturzustand jener Zeit. Es mag nur in Kürze darauf hingewiesen sein. wie die unglaubliche Rohheit und Unwissenheit des Landvolkes höchstens in der Unwissenheit der eigenen Grundherrn eine Art von Entschuldigung fand, wie trotz der energischen Bemühungen einzelner hervorragender Geistlichen jener Zeit auch der religiöse Unterricht auf dem Lande vollständig vernachlässigt war und ein blindes Hängen an äusseren Formen und alten Vorurteilen eine tiefere Religiosität ersetzen musste, wie nach der Aufhebung des Jesuitenordens dessen reiche Besitzungen (6 Mill. fl.), die bereits den öffentlichen Unterrichtsanstalten zugewiesen waren, diesen wieder entzogen und zur Schaffung einer bayrischen Zunge des Johanniterordens verwendet wurden, in der die Günstlinge des Kurfürsten glänzende Unterkunft fanden, wie endlich die in den 50er Jahren gegründete Akademie der Wissenschaften, die gerade auf die Entwicklung der Landwirtschaft direkt und indirekt den grössten Einfluss ausübte, mit den unglaublichsten Schwierigkeiten zu kämpfen hatte, besonders als unter Karl Theodor in den späteren Jahren seiner Regierung der Umschwung eintrat, dass jeder freisinnige Gedanke unerbitterliche Verfolgung zu gewärtigen hatte.

---

[1] Westenrieder, Jahrbuch der Menschengeschichte in Bayern 1783, I. Bd. 2. Teil, p. 44.

I. ABSCHNITT.

DIE GRUNDHERRLICH-BÄUERLICHEN VERHÄLTNISSE IN DER 2. HÄLFTE DES 18. JAHRHUNDERTS.

Wenn wir nunmehr nach diesen einleitenden Bemerkungen zur Schilderung der Lage des Bauernstandes selbst übergehen, so kann es sich natürlich nicht um die Aufgabe handeln, ein in allen Zügen gleichmässig ausgeführtes Bild der gesamten bäuerlichen Verhältnisse zu geben, wie sie sich im Laufe der Zeiten bis zum Anfange unseres gegenwärtigen Jahrhunderts entwickelt hatten. Es sollen vielmehr von dem Gesamtbilde, das die bayrische Landwirtschaft in der 2. Hälfte des vorigen Jahrhunderts uns darbietet, nur jene Züge besonders hervorgehoben werden, die für die Erklärung der nachfolgenden Reformgesetzgebung von entscheidender Bedeutung sind. Diese massgebenden Seiten des damaligen Zustandes aber lassen sich im Wesentlichen unter die beiden Gesichtspunkte zusammenfassen: einmal die persönliche Unfreiheit oder die L e i b e i g e n s c h a f t, dann die B e s i t z- und A b g a b e n v e r h ä l t n i s s e, wobei insbesondere auch die Entwicklung der mehr technischen Seite der Landwirtschaft, die in den eigentlichen sog. Landeskultur-Mandaten ihren Ausdruck findet, eine hervorragende Rolle spielt.

I. Die Leibeigenschaft.

Die Leibeigenschaft, deren gesetzliche Regelung in dem bayrischen Landrechte von 1756 noch einen ganzen Titel des ersten Buches einnimmt, finden wir in dem Bayern des vorigen Jahrhunderts noch in weitester Ausdehnung. Zweifellos klingt uns aber der Name viel härter, als das Verhältnis war, das er bezeichnete. Praktisch war die Leibeigenschaft gegen Ende des vorigen Jahrhunderts, wie wir sehen werden, fast gänzlich ohne Bedeutung, und nur die Thatsache, dass die eigentliche Reformgesetzgebung gerade hier ihren Ausgangspunkt nimmt, mag ein näheres Eingehen auf diesen Punkt überhaupt rechtfertigen.

Von Beginn des 16. Jahrh. an macht sich in Bayern eine stetige Hebung des Standes der Unfreien bemerkbar, allerdings verbunden mit einem Sinken des gesamten Bauernstandes, von dem jene nur einen grösseren Teil ausmachten. Wenn wir nach den Ursachen dieser Thatsache fragen, so dürfte der wesentlichste Gesichtspunkt in folgendem Umstande gelegen sein. Von dem 16. Jahrh. an, besonders seit 1556, waren die bayrischen Landstände, die zugleich die grossen Grundbesitzer repräsentierten, auf dem Höhepunkte ihrer Macht. Von dieser Zeit an sehen wir die Stände mit auffallendem Eifer für die Interessen der Leibeigenen eintreten und die Vermehrung des Druckes, den die Leibeigenschaft als solche mit sich brachte, bekämpfen, sogar förmliche Verträge mit dem Kurfürsten abschliessen, die auf grössere Schonung der Leibeigenen abzielten. Die Stände waren eben mit der raschen Ausbildung ihrer grundherrlichen Macht in der Lage, alle Dienste, Leistungen und Abgaben, die ihnen wünschenswert schienen, auf anderem Wege sich ohne Schwierigkeit zu verschaffen, während das Bestreben, die gesamten Staatsleistungen immer mehr auf den Nacken der Bauern hinüberzuwälzen, bei der gegen die zahlreichen Leibeigenen geübten Milde in weniger ungünstigem Lichte erschien. Auch mag es ihnen vorteilhafter geschienen haben, alle persönlichen Beziehungen zwischen sich und den Grundunterthanen möglichst in den Hintergrund treten zu lassen, indem dadurch auch ihre Pflichten, die ihren Rechten entsprochen hätten, nicht mehr zur Geltung zu kommen brauchten.

Schon im Anfange des 16. Jahrh. tritt uns diese Politik entgegen. Im J. 1508 wird zwischen dem Fürsten und den Landständen ausdrücklich vereinbart, dass die Heiraten der Leibeigenen sowohl des Kurfürsten als der andern Herrn fortan frei sein sollten, auch die Abgaben für die Erlaubniserteilung sollten wegfallen. Diese Bestimmung wurde dann auch in das bayr. Landrecht von 1616 aufgenommen, wo es im 10. Art. des 3. Teils nur noch heisst, dass die Heiraten der Eigenleute „mit der Herren Vorwissen" geschehen sollen, die Verweigerung der Erlaubnis aber sowie die Forderung von Gut und Geld sollte dabei nimmermehr eintreten dürfen.

Auch mit den Abgaben, die auf der Leibeigenschaft selbst hafteten, wurde es bald — aus dem gleichen Grunde wie oben angeführt — immer weniger strenge genommen und vielfach bestritten die Landstände dem Kurfürsten geradezu das Recht, von seinen auf ihren Hofmarchen lebenden Leibeigenen noch besondere Abgaben zu erheben. Nur so erklärt es sich, dass in einer kurfürstlichen Verordnung vom 28. Juli 1723 in der Einleitung bitter geklagt wird, dass von den „bei den unterschiedlichen Gerichtern und den darin entlegenen Hofmarchen vorhandenen mit der Leibeigenschaft behafteten Personen die althergebrachte Observanz und Schuldigkeit schlecht beobachtet, ja dass dieselben von diesen Hofmarchsinhabern wohl gar widerrechtlich angefochten werden". Es wird deshalb für notwendig befunden, strenge zu verordnen, dass auf die Ablieferung dieser Abgaben wieder genau gesehen, sowie dass von den Amtleuten bei den Geburts- und Todesfällen derartiger Leibeigenen jährlich getreue Meldung gemacht werden solle, damit „bei den Kastenämtern in den Saalbüchern oder Beschreibungen die erforderlichen Annotationen geschehen könnten".

In dem bayr. Landrechte[1] von 1756 handelt nun, wie

[1] Codex Maximilianeus Bavaricus civilis, p. I c. 8.

schon erwähnt, das ganze 8. Kap. des 1. Teiles von der Leibeigenschaft. Gleich in dem ersten Paragraphen wird ausdrücklich davor gewarnt, bei Beurteilung derselben sich etwa von fremden Rechten leiten zu lassen; „sie besteht“ — heisst es — „nur noch lediglich in gewissen persönlichen Diensten und Abgaben, wo im Übrigen der Leibeigene wie jeder andere bei seiner Freiheit verbleibt“. Die Wirkungen dieser Leibeigenschaft, — die mitunter auch an Gütern haftet, ein deutlicher Beweis, dass es sich eben nur noch um die Dienste und Abgaben handelt, — sind im Einzelnen folgende. Der Leibeigene ist — § 10 — seinem Herrn „zu allen anständigen und herkömlichen Diensten“ verbunden, — die allerdings nach Kreittmayr der Regel nach ungemessen waren —, aber gegen gebührenden Lohn und mit solcher Mässigkeit, dass „allenfalls auch der Jurisdiktions- oder Grundherr wegen deren ihnen etwa schuldigen Vogt- oder Giltscharwerksdiensten dabei bestehen kann“. Da dieses letztere Verhältnis ohne Ausnahme bei allen Leibeigenen vorhanden war, so konnte in diesem Hauptpunkte von bedeutenden selbständigen Wirkungen der Leibeigenschaft nicht wohl die Rede sein; Kreittmayr sagt auch ausdrücklich in seinen „Anmerkungen“, dass bei Dienstzwang und Scharwerksdiensten fast gar kein Unterschied zwischen den Leibeigenen und den sonstigen Gerichts- und Grundunterthanen vorhanden sei. Der Leibeigene kann dann — § 11 — von seinem Leibherrn beliebig veräussert werden, ebenfalls nach Observanz jedes einzelnen Ortes; bei dem ausserordentlich grossen Mangel an Arbeitskräften, der gerade von der Mitte des vorigen Jahrhunderts an allgemein herrschte, war diese rechtliche Veräusserungsmöglichkeit praktisch so gut wie ganz ohne Bedeutung. Nach § 12 ist der Heiratskonsens des Leibherrn wieder notwendig, es darf aber nichts für die Erteilung desselben gefordert werden; auch ist — nach Kreittmayr's „Anmerkungen“ — die Vernachlässigung dieser Vorschrift nur mit geringer Geld- oder Gefängnisstrafe verbunden. Dazu kommt dann weiter der jährliche Leibzins und der „Todfall“, ferner die Berechtigung, den entlaufenen Leibeigenen wieder zurück zu holen, endlich das Recht des Leibherrn, bei verübter Ungebühr" gegen den Leibeigenen mit „mässiger Züchtigung" zu verfahren. Im allgemeinen ist dieser Teil des Gesetzbuches zweifellos von einem dem Unterthan günstigen Geiste getragen. Dass die Leibeigenschaft überhaupt nur noch unter dem Drucke des Herkommens beibehalten und fortgeführt wird, zeigt sich im § 4 des Gesetzes, worin es ausdrücklich heisst: „Wie nun die Leibeigenschaft in denen oberpfälzischen Ländern bisher gar nicht üblich gewesen, so soll sie auch künftighin alldort nicht eingeführt werden, und sind mithin dergleichen Pakta, wodurch man mit Leib oder Gut in die Leibeigenschaft gezogen wird, von keiner Kraft". Bezüglich der Güter, auf denen die Leibeigenschaft haftet, bestimmt das Gesetz in § 8, dass der neue Inhaber „gute Wissenschaft" davon haben muss, — „welche jedoch keineswegs bei ihm präsumiert wird", es sei denn, dass auch alle die umliegenden Güter in dem gleichen Verhältnisse stünden. Insbesondere endlich zeigt sich die dem Leibeigenen günstige Richtung in den Prozessvorschriften. Jeder, so sagt das Gesetz, hat praesumptionem libertatis für sich, „welche auch von solcher Stärke ist, dass sie durch die gegenteilige possessio, soviel das momentaneum betrifft, nicht entkräftet wird"; es muss, falls nicht durch Urkunden oder Zeugenschaft das Bestehen des Verhältnisses nachgewiesen werden kann, wenigstens eine possessio ordinaria von 10 oder mehr Jahren zurück dargethan werden, je nach dem Ortsgebrauche. In dem Prozesse zwischen Leibherrn und Leibeigenen aber werden auch die nächsten Anverwandten des letzeren in jeder Beziehung als unverwerfliche Zeugen zugelassen.

Die beiden Wege, auf denen der Leibeigene die persönliche Freiheit erlangen kann, sind Verjährung und Freilassung — § 17. Der erstere ist allerdings bei den schweren Bedingungen, die sich daran knüpfen, praktisch nur von geringer Bedeutung. Zunächst wird eine 30-jährige Zeitdauer für die Verjährung festgesetzt, ferner muss der Leibherr die ganze Zeit über den Aufenthaltsort seines Leibeigenen kennen, ohne denselben zurück zu rufen, endlich aber darf der Leibeigene selbst von seinem Zustande niemals Kenntnis gehabt haben.

Desto wichtiger dagegen ist der zweite Fall, die Freilassung. Dieselbe erfolgt — § 19 — entweder ausdrücklich oder stillschweigend. Ausdrücklich erfolgt sie vor Allem, wenn sich der Leibeigene von seinem Herrn loskauft, oder aber, wenn er durch Schenkung, letzten Willen oder Vertrag entlassen wird; stillschweigend findet sie statt, indem der Herr selbst seinem Leibeigenen zur Verheiratung mit einer freien Person verhilft, oder ihn wenigstens an dieser Heirat nicht hindert. Auch wird die Freiheit erlangt bei verübter Grausamkeit oder sonstigem grossen Missbrauch der herrschaftlichen Gewalt, ebenso wenn der Leibeigene krank und hilflos von seinem Herrn verstossen wird. Die obrigkeitliche Bestätigung ist zur Freilassung im Allgemeinen nicht notwendig.

Der wichtigste Fall war natürlich die Leibeigenschafts-Entlassung durch Loskauf. Über die Höhe der zu entrichtenden Summe bestand keine eigene Regel, nur wurde durch die Verordnung vom 3. Sept. 1763 [1] für die kurfürstlichen Leibeigenen für gewöhnliche Fälle 10 Prozent des Besitzes festgesetzt; „in Umständen aber, wo den Leibeigenen durch die Entlassung ein besonderer Wohlstand vermittelst ihrer Versorgung oder in anderweg zugehet, soll auch ein Mehreres als 10 Prozent zum Lösegelde von ihren Erb- oder Heiratsgütern erholet werden“. Es scheint also die Loskaufsumme durchschnittlich eine ziemlich beträchtliche gewesen zu sein, gegenüber der verhältnismässig geringen praktischen Bedeutung der Leibeigenschaft selbst; der Grund dürfte auch hier wesentlich in dem erwähnten grossen Mangel an Arbeitskräften gelegen sein. Es scheint auch im Allgemeinen ziemlich spärlicher Gebrauch von dieser Leibeigenschaftsentlassung durch Loskauf gemacht worden zu sein. Wenigstens finden sich z. B. in den „statistischen Aufschlüssen über das Herzogtum Bayern“ von Hazzi, die zwar erst in den Jahren 1801—1808 geschrieben sind, sich aber durchaus auf Rechnungen aus dem letzten Jahrzehnt des vorigen Jahrhunderts stützen, nur sehr geringe Summen verzeichnet, so in dem — über

[1] Mayr l. c. I. Bd. 2. Teil. Nr. XXVI.

300 Höfe umfassenden – Gerichtsbezirk Aichach einmal 140 Gulden, — eine der höchsten Summen, die überhaupt in dieser Beziehung vorgetragen sind.

Hazzi selbst, ein genauer Kenner der gesamten bäuerlichen Verhältnisse in den letzten Jahrzehnten des vorigen Jahrhunderts, zeigt sich mehrmals geradezu erstaunt, die Leibeigenschaft an einzelnen Orten überhaupt noch in selbständig fühlbarer Weise vorzufinden. So betont er bei Hohenschwangau, dass hier noch „Leibeigenschaft und Mortuarien im Schwunge sind". Wenn es dagegen z. B. von den Unterthanen des Klosters Benediktbeuren heisst, dass dieselben „den Stempel der Sklaverei, die ihr Schicksal ist, auf dem Gesichte tragen", so ist nach dem Zusammenhange der Stelle sicher anzunehmen, dass Hazzi dabei nur an die allgemeine Bedrückung der dortigen Bauern durch Abgaben und Dienstleistungen denkt, ohne die rechtlich Leibeigenen von den persönlich freien Bauern zu unterscheiden.

Wesentlich verstärkt endlich wird dieser Eindruck von der geringen praktischen Bedeutung der Leibeigenschaft, wenn wir in der grossen Broschüren-Litteratur, welche den landwirtschaftlichen Verhältnissen Bayerns in jener Zeit gewidmet ist, speziell diesen Punkt in's Auge fassen. Es geschieht seiner überhaupt nur selten Erwähnung. Der anonyme Verfasser der „Reise durch den bayrischen Kreis",[1] der von den besten Schriftstellern jener Zeit vielfach citirt wird, sagt einmal mit grosser Entrüstung, da er von dem sogenannten „Pfaffenwinkel" spricht: „Einige dieser Mönchsnester haben Leibeigene, dieselben sind als Leibeigene geboren, und müssen sich mit 45 Kreuzern loskaufen"! Er verwechselt offenbar den Leibpfennig mit dem Loskaufsgelde, — auch ein Beweis dafür, wie verschwommen und unbestimmt das ganze Verhältnis in jener Zeit schon geworden war. Bei Kayser in seinen „gesammelten Auszügen" (die sich besonders an die Schriften Westenrieder's anlehnen) heisst es:[2] „Genug für

---

[1] „Reise durch den bayr. Kreis", 1784. p. 138.

[2] „Kayser, Gesammelte Auszüge zur physischen und politischen Kenntnis Bayerns", 1786, p. 20.

uns, dass Bayern von einer deutschen Nation bewohnt wird, welche ohne Leibeigenschaft ihren Acker bebaut"; und an einer anderen Stelle —: „bis auf wenig Leibeigene im Pfaffenwinkel". Nirgends wird der Leibeigenschaft als eines drückenden wirtschaftlichen Verhältnisses mehr gedacht, es ist dabei nur noch die Rede von Verletzung der Menschenrechte und dgl., wie es in dem damaligen Süddeutschland, in dem zuerst und am tiefsten die Ideen der französischen Revolution Eingang fanden, wohl begreiflich ist. So heisst es auch bei Rottmanner, dem verdienstvollen Reformator auf dem landwirtschaftlichen Gebiete, der stets mit vollendeter Rücksichtslosigkeit die Härten und Ungerechtigkeiten des damaligen Zustandes an's Tageslicht zieht, in einer Schrift von 1801:[1] „Heutigen Tages müssen unsere Landleute, wenn sie heiraten wollen, sich Atteste geben lassen, dass sie keine Leibeigenen sind. Ist denn bei uns die rechtliche Vermutung für die Leibeigenschaft? Welch' eine Schande! Sollte man nicht endlich einmal selbst den Namen der Sklaverei aus unserm Vaterlande vertilgen?" In dem „Münchner Intelligenzblatt" endlich, das in den beiden letzten Jahrzehnten des vorigen Jahrhunderts fast ausschliesslich mit Erörterungen über die Mängel der landwirtschaftlichen Verhältnisse angefüllt ist, findet das Institut der Leibeigenschaft so gut wie gar keine Beachtung. Nur einmal, im Jahre 1773,[2] berichtet es, dass in Böhmen der Abt zu Töbel seine Unterthanen von der Leibeigenschaft gegen eine mässige Abgabe befreit habe u. s. w. Dazu setzt dann die Redaktion des Intelligenzblattes als Anmerkung folgende „Frage": „Lässt sich kein zuverlässiges Mittel finden, die dem Land- und Feldbau, der Viehzucht so schädliche Leibeigenschaft in Erbgerechtigkeit zu verwandeln: mittels eines Surrogates jährlicher Grundgült, statt der Leibgedingsbehandlungen"? Offenbar ist hier die Leibeigenschaft geradezu mit dem Institute der „Leibgerechtigkeit" verwechselt, von dem bei den Besitzverhältnissen später die Rede sein wird!

---

[1] „Über Freiheit und Eigentum der alten bayrischen Nation", 1801, p. 27.

[2] p. 160.

Wir können also wohl annehmen, dass die Leibeigenschaft in Bayern gegen Ende des vorigen Jahrhunderts zwar noch in ziemlichem Umfange als Rechtsinstitut bestand, aber thatsächlich zu einer praktisch fast bedeutungslosen Einrichtung herabgesunken ist, die nur eventuell erwünschte Gelegenheit zu Plackereien und zur Erhebung von Sporteln darbot. Möge es, des interessanten Vergleiches wegen, gestattet sein, die Aussprüche zweier Männer neben einander zu stellen, denen wir als Sachkundigen in diesen Verhältnissen unbedingt vertrauen können: ich meine Prof. Hanssen, der in seiner „Aufhebung der Leibeigenschaft in den Herzogtümern Schleswig und Holstein“ [1] uns schildert, wie dort „das physische und moralische Elend sich den Gesichtszügen und der ganzen Haltung der Leibeigenen tief und gewissermassen erblich eingeprägt hat, wie dieselben auf den ersten Anblick von den Eingesessenen freier Landstriche zu unterscheiden waren“, — während uns der alte Kreittmayr von jener Zeit erzählt, dass [2] „ein leibeigener und ein anderer gemeiner Bauer wie zwei Tropfen Wasser sich gleich sahen“.

II. Die Besitz- und Abgaben-Verhältnisse.

Gehen wir nun dazu über, die damaligen bäuerlichen Verhältnisse nach ihren wirtschaftlich wichtigen Seiten zu untersuchen, so stehen wir vor einer dreifachen Aufgabe: einmal handelt es sich um die Verteilung des Grundbesitzes, dann um die Art und Weise, wie von den Grossgrundbesitzern ihre Güter in kleinen Teilen an andere zur Bewirtschaftung überlassen wurden, der Schwerpunkt endlich liegt in den auf dem Bauernstande ruhenden Abgaben und Dienstleistungen. Bei der wiederholt bereits hervorgehobenen geringen Übereinstimmung, die in der hier in Betracht gezogenen Periode zwischen der allgemeinen Gesetzgebung und den thatsächlichen Verhältnissen bestand, werden wir uns bei dem zweiten und

[1] p. 29.

[2] „Anmerkungen über den Cod. Maxim. Bavar. Civilem“ — IV. p. 584.

dritten Punkte nicht auf eine einfache Darstellung der allgemeinen Rechtsnormen beschränken dürfen; vielmehr ist das Hauptgewicht auf die Frage zu legen, wie die verschiedenen Seiten der bäuerlichen Verhältnisse in der Wirklichkeit sich gestaltet hatten.

Es würde weit über den Rahmen, der dieser Arbeit gezogen ist, hinausgehen, wollten wir hier die Entwickelung eingehend verfolgen, welche die bäuerlichen Verhältnisse Bayerns von den älteren Zeiten an bis zur Mitte des vorigen Jahrhunderts genommen haben. Anderseits aber erscheint es auch nicht angezeigt, die frühere Entwickelung völlig unberührt zu lassen. Es sei deshalb gestattet, einen gedrängten Überblick über die wesentlichsten Punkte dieses Verlaufes zu geben, der natürlich nicht entfernt auf eingehende Behandlung dieses Stoffes Anspruch erheben will.[1]

In den frühesten Zeiten haben wir in Bayern in Bezug auf den Grundbesitz den Unterschied zwischen den sogen. Grund- oder Landesherren und den Freibauern, wobei die ersteren sich von den letzteren nur durch den grösseren Umfang ihrer Besitzungen unterscheiden. Bei den ersteren finden wir den Eigentümer auf dem Hauptgute sitzen, das er selbst verwaltet, auf dem sogenannten Saalland; die übrigen Güter aber lässt man entweder durch eigene Verwalter bewirtschaften, oder man gibt sie zu Erblehen, zu Eigentum mit ewigem Bodenzins, oder endlich in Pacht. Vom 10. Jahrhundert an nimmt die Zahl der Freibauern fortwährend ab, während anderseits die Besitzungen der Grossgrundbesitzer — von den zahlreichen Neurodungen ganz abgesehen — sich fortwährend erweiterten. Zahlreiche freie Güter wurden auf dem Wege der Verpfändung in grundbare Wirtschaften verwandelt, viele Freibauern wurden auch durch

[1] Eine gute, etwas eingehendere Darstellung dieser Entwickelung gibt „Kopf, Die Grundherrlichkeit in den älteren Bestandteilen des Königreichs Bayern, Landshut 1809" p. 33 ff., dem wir im nachstehenden vielfach folgen. Ausserdem ist auf die älteren und neueren Spezialschriften über diesen Gegenstand zu verweisen, wie „Abhandlungen der kurfürstlichen bayerischen Akademie der Wissenschaften, V. Bd., 1 ff. Über das Mundiburdium in Bayern".

die Unmöglichkeit, ihre gesamten Abgaben und Dienste zu leisten, zur Aufgabe des Eigentums gezwungen. Im 11. und 12. Jahrhundert führten besonders die zahlreichen Kommendationen, d. h. die freiwillige Hingabe von Eigentum an geistliche und weltliche Grossen, diesen weitausgedehnte Besitzungen zu; anderseits begaben sich viele Freibauern zunächst nur in den Schutz eines Klosters oder eines weltlichen Grossen, wobei aber in den Zeiten der allgemeinen Anarchie dieser Schutz sich gar leicht in Grundeigentum verwandelte.[1]

Bis zum 15. Jahrhundert hatte bei der Überlassung von Gütern zur selbständigen Bewirtschaftung die Form des Verpachtens die Hauptrolle gespielt. Dabei waren die Pachtverhältnisse wesentlich zu Gunsten des Pächters geordnet, denn es hatte sich — seit der Zeit König Friedrichs I. — ein das Pachtverhältnis betreffendes Gewohnheitsrecht[2] gebildet, das dem Pächter viel mehr Recht einräumte, als er kontraktmässig beanspruchen konnte. Auch war es in den meisten Fällen, wenn nicht rechtlich, so doch faktisch, die Form der Erbpacht; denn nach eben diesem Gewohnheitsrechte wurde nach dem Tode des Pächters immer wieder einem aus seiner Familie die Pacht eingeräumt, — „damit keine Unzufriedenheit unter dem Landvolk entstehe", wie es in den Quellen heisst.[3]

Ein im wesentlichen zutreffendes Bild von der Lage der bäuerlichen und gutsherrlichen Verhältnisse im 14. Jahrhundert bietet sich uns in den Bestimmungen des bayerischen Rechtsbuches von 1346. Es ist hier nur die Rede vom Eigentum, vom Lehen, von Leibgeding und Baugut. Bei den Bestimmungen über das Eigentum tritt besonders die Tendenz, dasselbe vor fremden Eingriffen zu sichern, scharf hervor; sie zeigt sich deutlich in den Bestimmungen über den Beweis des Eigentums und über die Bestrafung der Eigentumsver-

---

[1] Vgl. hierzu insbesondere die verschiedenen Klosterurkunden in Monumenta boica, wie Band IX, p. 353, 359, 387, 391. —

[2] S. die Ausführungen bei: Gemeiner, Geschichte des Herzogthums Bayern.

[3] Seyfried, Geschichte der ständischen Gerichtsbarkeit (1791 bis 1793), II. Bd. p. 20.

letzungen. Fast die gleichlautenden Bestimmungen gelten für das Lehen: der Lehensmann besitzt das volle Eigentum auf dem ihm zustehenden Gute mit allen daraus folgenden Rechten, nur hat der Lehensherr bei Veräusserung des Gutes das Vorkaufsrecht, wobei der von einem Dritten dem Lehensmanne gebotene Preis zu entrichten ist; die Lehenspflicht besteht ausschliesslich in der Leistung von Kriegsdienst. Das Leibgeding steht thatsächlich fast völlig gleich der Erbpacht. Das Gut ist dem Leibgedinger gegen eine bestimmte jährliche Abgabe gewöhnlich in der Weise übertragen, dass sich der Besitz nicht nur auf Lebenszeit des Leibgedingers, sondern auch auf dessen Succedenten erstreckt; geht der Leibgedingsbrief verloren, so genügen zwei ehrbare Zeugen, um den Gutsherrn zur Erneuerung des Leibgedingsbriefes innerhalb 6 Monaten zu zwingen. Was endlich das Baugut betrifft, so ist dasselbe thatsächlich nichts anderes als einfache Zeitpacht, gewöhnlich auf dreijährige Fristen lautend; der Baumann hat eine bestimmte jährliche „Gilt“ (auch „Gutsrecht“ genannt) an den Gutsherrn abzuliefern, die teilweise auch in barer Geldabgabe besteht, er ist dafür verantwortlich, dass die Felder nicht in einer Weise bewirtschaftet werden, die zu einer Deteriorirung derselben führt und darf das übernommene Gut nur verlassen, wenn die Zeit abgelaufen und er seinen Verpflichtungen vollständig nachgekommen ist.[1]

Diese einfachen und für die nicht eigenen Grund besitzenden Bauern günstigen Verhältnisse wurden allmählich durch Verquickung mit römisch-rechtlichen Bestimmungen komplizierter, und die Zeit vom 15. bis zum 17. Jahrhundert ist durch ein doppeltes Bestreben der Gutsherren, oder was im wesentlichen damit gleichbedeutend ist, der Stände charakterisiert: Einerseits suchen die Stände immer mehr Land in ihr Eigentum bezw. Obereigentum zu bringen,[2] anderseits

---

[1] Vgl. für die Bestimmungen über Eigentum und Lehen das Rechtsbuch, Tit. 16, über das Leibgeding Tit. 15, Cap. 1 u. 2, über das Baugut Tit. 13.

[2] Auf dem Landtage von 1588 beklagte sich Wilhelm V. sehr über die Stände, dass sie „überall nach dem Eigentum der Unterthanen

werden die Güter immer mehr durch emphyteutische Verträge und in der Weise zur Bewirtschaftung überlassen, dass die Zurücknahme entweder ganz in das Belieben der Gutsherren gestellt ist oder dass dieselbe naturnotwendig ohnehin in verhältnismässig kurzen Zeiträumen erfolgen muss. Man fand es unbequem, sich der freien Verfügung über sein Eigentum auf so lange Zeit zu entäussern. So heisst es in einer Urkunde des Klosters Raitenbuch[1] aus dem Ende des 15. Jahrhunderts, es sei viel nützlicher, die Güter nicht auf lebenslängliche oder auf Erbpacht zu vergeben, „sicut longa docuit experientia"; man solle zwar die laufenden Pachtverträge noch beachten, künftighin aber keine solchen mehr eingehen. Dabei ging die Einführung der emphiteutischen oder — um den Kreittmayer'schen Ausdruck zu gebrauchen — der after-emphyteutischen Verträge leicht von statten, da dieselben von beiden Seiten, sowohl von dem Gutsherrn, als von dem bisherigen Erbpächter und Baumann erstrebt wurden. Der letztere gab sich der Hoffnung hin, auf diese Weise in länger dauerndem Gebrauche des ihm überlassenen Grund und Bodens zu verbleiben und gänzlich unabhängig von dem Obereigentümer wirtschaften zu können. Dem Grundherren aber erwuchsen die mannigfachsten Vorteile, namentlich als gleichzeitig die gutsherrliche Gerichtsbarkeit sich stetig entwickelte und immer mehr erstarkte. Es zeigt sich deshalb bei dieser neu entstandenen Grundherrlichkeit durchgehends die Tendenz, sich über den gesamten Besitz zu verbreiten, alles „grundunterthänig zu machen". Es wurde dies namentlich erleichtert durch die streng durchgeführte Bestimmung, dass kein Grundunterthan neben dem ihm überlassenen Gute ohne Vorwissen und Genehmigung des Grundherrn ein „Zubaugut", d. h. eigenen, von dem Grundherrn völlig unabhängigen, etwa durch Erbschaft oder durch Neurodung von bisher unkultiviertem Lande hinzukommenden

strebten, es an sich zogen, oder mit drückenden Gerechtigkeiten abänderten". — vgl. hierzu Hazzi, Die echten Ansichten der Waldungen und Förste, gegenwärtig über ihre Purifikationen, samt der Geschichte des Forstwesens. München, 1805, p. 30 f.

[1] Mon. B. VIII. p. 111.

Grund und Boden besitzen dürfe; selbst in dem ersterwähnten Falle der Erbschaft brauchte der Grundunterthan die ausdrückliche Genehmigung des Grundherrn, um den neuen eigenen Besitz zu behalten. Dazu kam der Umschwung in der Rechtsprechung, dass nunmehr bei zweifelhaften Fällen die Rechtsvermutung nicht mehr für das Eigentum des Bauern, sondern des Gutsherrn sprach und dass der Bauer einen sehr erschwerten Beweis für den Besitz freien Eigentums anzutreten hatte. Dazu kam endlich noch die Steuerpolitik der Stände, das volle Eigentum mit höheren, das beschränkte Eigentum mit geringeren Steuern zu belegen;[1] bei ihrer eigenen Steuerfreiheit erreichten sie dadurch natürlich ohne eigenen Schaden, dass viele Bauern ihr bisheriges volles Eigentum gerne in grundherrlichen Verband bringen liessen.

Bei dieser hier kurz skizzierten Entwickelung wird es uns nun selbstverständlich erscheinen müssen, wenn wir bei einem Blicke auf die Verteilung des Grundbesitzes in der zweiten Hälfte des vorigen Jahrhunderts nur sehr wenige von jeder Grundunterthänigkeit frei gebliebene Besitzungen und einen ungemein grossen Umfang der ständischen Besitzungen antreffen. Wir können uns von diesem Anteile am Grundbesitze ein ungefähres Bild verschaffen, wenn wir eine Statistik der bayerischen Grundherren und eine Bevölkerungs- und Begüterungsübersicht des Bauernstandes zu Rate ziehen, die beide von dem kurfürstlichen geheimen Finanzreferendär Krenner in dem „Churf. bayr. Regierungs- und Intelligenzblatt 1800“[2] veröffentlicht wurden. Die erstere und wichtigere, die Statistik der Grundherren ist berechnet nach den

[1] Hazzi sagt a. a. O., indem er von dieser Steuerpolitik spricht: — „eine Ungerechtigkeit, welche wirklich bis jetzt noch besteht. Erst jüngsthin (das Buch ist 1805 geschrieben) kaufte ein Unterthan von seiner Grundherrschaft das Grundobereigenthum. Er besass sein ludeigenes Gut kaum ein Jahr lang, so wurde er mit zweymal höheren Steuern belegt, so dass der Bauer seine Grundherrschaft bath, ihm den Kaufschilling zurückzugeben, und ihn wieder als Grundholden anzunehmen.“

[2] p. 11, 91, 139 und 153.

landgerichtischen und hofmarchischen Hofanlagsbüchern des Jahres 1760, da keine spätere Güterbeschreibung existierte; denn es sollte zwar nach einer Verordnung vom 30. September 1771 ein „Universal-Konspekt des Nähr- und Zehrstandes in den bayerischen Landen" zusammengestellt werden, auch wurden dazu tabellierte Bögen mit bestimmt vorgeschriebenen Rubriken an die verschiedenen Behörden verteilt, allein die Statistik selbst scheint niemals zu stande gekommen zu sein. Die Statistik des Bauernstandes stammt aus dem Jahre 1791. Ausser dieser Zeitdifferenz ist auch der Umfang des Gebietes bei den beiden Erhebungen nicht völlig gleich; ich muss mich aber mit diesen Angaben begnügen, da mir nirgends ein genaueres und gleichmässigeres statistisches Material für diese Verhältnisse bekannt geworden ist.

Von dem gesamten Grundbesitz entfällt weitaus der grösste Teil auf die drei Stände, die zusammen etwa 65000 Familien und ca. 17000 Höfe besitzen, bei einer Gesamtzahl von 116000 Familien und 30000 Höfen, also ungefähr 56 Prozent; und da hierunter die Städte und Märkte ausserhalb ihres Burgfriedens im ganzen nur 170 Familien und 30 Höfe besitzen, so entfällt die ganze Masse auf die beiden Stände des Adels und der Prälaten und zwar ziemlich zu gleichen Teilen. Auf die nicht ständischen Grundherren, besonders Klöster, Kirchen und Pfarreien, dann Hochstifter und Spitäler, treffen ca. 30000 Familien mit 8000 Höfen, 25 bez. 26 Prozent der Gesamtzahl; darunter finden sich auch Dorfgemeinden und selbst Freibauern, die ihrerseits wieder Grundherrschaft besitzen, mit 1563 Familien und 194 Höfen. An kurfürstlichen Grunduntertbanen werden 13500 Familien mit 4000 Höfen aufgeführt, 11 resp. 14 Prozent des Ganzen, während endlich freieigene Güter ohne Grundherrschaft im Ganzen nur 1162 Höfe mit 7000 Familien angegeben werden, nur 6 Prozent der Familienzahl und 3,9 Prozent der gesamten Höfe. (Dieses auffallende Verhältniss der Familien- und der Höfezahl beruht nicht, wie man etwa annehmen könnte, auf der besonderen durchschnittlichen Kleinheit dieser Besitzungen, sondern vielmehr auf der grossen Zahl der

Einödhöfe, von denen wir später noch zu sprechen haben werden, und auf denen eine grosse Anzahl von Familien ihr Auskommen fand.) Was schliesslich die Gerichtsbarkeit betrifft, so waren der Kurfürst und anderseits die Stände ziemlich gleich beteiligt; von ca. 129 000 bäuerlichen Familien (im Jahre 1791) standen 64 100 unter kurfürstlicher und 64 700 unter hofmärchischer resp. ständischer Gerichtsbarkeit.

Nach diesem einleitenden Überblick ergibt sich die Gliederung des weiteren Teiles dieses Abschnittes von selbst: Wir werden zunächst die gesetzlichen Bestimmungen zusammenstellen, welche für die Besitzweise der nicht im vollen Eigentum stehenden Güter, sowie für die damit verbundenen Abgaben und Leistungen bestanden, dann aber werden wir uns ein Bild davon zu machen suchen, wie die gesamten diesbezüglichen Verhältnisse in der Wirklichkeit gelagert waren.

A. RECHTLICHE BESTIMMUNGEN.

1. Die Besitz-Verhältnisse.

In der Kreittmayr'schen Gesetzgebung [1] treten uns vier Hauptformen des emphyteutischen Vertrages entgegen, die für die gesamte Gestaltung massgebend sind: einmal das sogenannte Erbrecht, wobei das nutzbare Eigentum des Grundholden auch auf dessen Erben übergeht, dann das Leibrecht oder Leibgeding, wobei das nutzbare Eigentum des Grundholden mit dessen Tode erlischt, ferner die Neustift, wobei das nutzbare Eigentum mit dem Tode des Grundherrn endigt, endlich die sogen. Herrengunst oder veranleitete Freistift, wo die Beendigung des Verhältnisses vollständig in das Belieben des Grundherrn gestellt ist.

---

[1] Cod. Max. Bav. civ. p. IV. c. 7.

Über das Verhältnis, in welchem diese vier Arten in dem damaligen Bayern verteilt waren, lässt sich ein ungefährer Rückschluss ziehen, wenn wir das Werk von Rudhart, „Über den Zustand des Königreichs Bayern 1825“ zu Hilfe nehmen. Wenn wir dabei die maierschaftsfristbaren Güter — wie es im allgemeinen der wirklichen Sachlage entsprechen dürfte — den Neustiften und Freistiften zurechnen, aus denen sie fast ausschliesslich hervorgegangen sind, so waren es im Jahre 1825[1], von den kurfürstlichen Domänen und den freieigenen Gütern abgesehen, im Unterdonaukreise (Niederbayern) etwa $^{2}/_{20}$ zinsbare und $^{1}/_{20}$ lehenbare, $^{10}/_{20}$ erbrechtbare, $^{1}/_{20}$ leibrechtbare und fast $^{5}/_{20}$ neu- und freistiftbare Güter; im Isarkreise (Oberbayern) aber waren es nur $^{4}/_{20}$ erbrechtbare, dagegen $^{6}/_{20}$ leibrechtbare und $^{2}/_{20}$ neu- und freistiftbare Güter. Wenn wir dabei noch die eifrigen Bestrebungen berücksichtigen, das Erbrecht zur allgemeinen Herrschaft zu bringen — von denen später noch die Rede sein wird —, so können wir wohl getrost annehmen, dass mindestens die Hälfte der Güter in dem Verhältnisse des Leibrechts, der Neu- und Freistift sich befunden habe.

Das Gesetzbuch selbst bezeichnet das Erbrechtsverhältnis geradezu als die emphyteusis regularis, der es die übrigen Abarten als emphyteusis irregularis gegenüberstellt. Indem wir hier die wesentlichen Punkte dieses gesamten Verhältnisses darzustellen versuchen, bleiben die aus demselben entspringenden Abgaben und Leistungen zunächst beiseite, da dieselben alsdann im Zusammenhang mit den übrigen Abgaben und Leistungen besonders behandelt werden.

Das Wesen dieses Verhältnisses besteht darin, dass ein Gut gegen bestimmte Abgaben und Dienstleistungen einem andern zur Benutzung verliehen wird. Der Verleiher selbst bleibt dabei der Eigentümer und hat als solcher gewisse Rechte: vor allem natürlich das „Heimfallrecht“, sobald das Recht des Grundholden erlischt, dann das Recht, den Grundholden, der seinen Verpflichtungen nicht nachkommt, zu ent-

[1] J. Rudhart, Über den Zustand des Königreichs Bayern nach amtlichen Quellen. 1825. I. Bd. p. 157.

fernen, ferner zu allen Verträgen des Grundholden, die das Gut betreffen, seine Einwilligung zu geben, endlich das Recht, bei Verschlimmerung des Gutes durch dolus oder culpa des Grundholden Schadenersatz zu verlangen, event. — bei bedeutender Gutsabminderung — dasselbe sofort als „kaduc“ einzuziehen. Der Grundhold anderseits besitzt ein dingliches Recht auf die Benutzung des im Eigentum des Herrn verbleibenden Gutes. Er hat das volle Gebrauchs- und Nutzungsrecht, er kann die Verwendung des Bodens in einer dem Gute zuträglichen Weise verändern — nur muss er in solchen Fällen seinem Grundherrn Anzeige erstatten —, er kann mit Einwilligung des Grundherrn seine Grundgerechtigkeit weiter veräussern, wobei aber der Grundherr immer das Vorkaufsrecht besitzt, er kann endlich den Grundherrn wie jeden Fremden für eine durch dolus oder culpa desselben ihm selbst zugefügte Beeinträchtigung verantwortlich machen. Der Grundhold kann ausserdem bei dem Erbrechtsverhältnis neben dem Erbrechtsgute noch einzelne Grundstücke, die sogen. Zubaugüter, mit Einwilligung des Grundherrn im Besitze haben; dieselben müssen nur ordentlich von dem Erbrechtsgute selbst abgetrennt sein. Ganze Bauerngüter neben dem Erbrechtsgute zu besitzen, war früher zwar zulässig, in der Mitte des vorigen Jahrhunderts aber war es nicht mehr gestattet; dieselben sollten vielmehr verkauft oder an einen eigenen Grundholden gegeben werden. Von besonderer Bedeutung war das schon erwähnte Vorkaufs- oder Einstandsrecht des Grundherrn, insofern dasselbe nach erlangter Gerichtsbarkeit durch Observanz allmählich auch auf die Zubaugüter ausgedehnt wurde. Besonders wichtig ist dabei, dass der Grundherr nicht etwa die Kaufsumme zu bezahlen hat, die der Grundhold von einem Dritten bekommen könnte, sondern — wie Kreittmayr ausdrücklich anführt — nur den Preis, „der sich bei unparteiischer Schätzung ergibt oder um welchen der Grundhold selbst das betreffende Kaufobjekt mit grundherrlicher Genehmigung an sich gebracht hat“. Und doch war es in der Reformation des bayerischen Landrechtes[1] von 1518 klar ausgesprochen worden, dass

[1] Tit 26 art. 8.

„der mit einem Dritten geschlossene Kauf gehalten“, also die gleiche Kaufsumme entrichtet werden müsse! Der Grundherr kann dann natürlich das erworbene Gut um jedweden Preis wieder veräussern, — wenn auch „solius lucri et quaestus causa“, wie es bei Schmid in seinem „Bayr. Staatsrechte“[1] heisst.

Das eben geschilderte Erbrecht wird nun erworben durch Erbgang oder durch den emphyteutischen Vertrag, bei welch letzterem die Ausfertigung des sogen. Grund- oder Stiftsbriefes unerlässliche Bedingung und zum Beginn des dinglichen Rechtes die Tradition notwendig ist. Dieser Stiftsbrief, der je nach der Sigelmässigkeit des Grundherrn von diesem selbst oder von der Obrigkeit ausgestellt wird, muss bei jeder Veränderung in der Person des Grundholden, sowie bei dem Verluste des Briefes erneuert werden, und zwar im letzteren Falle spätestens zwei Monate, nachdem die Erneuerung verlangt worden ist. Das Erlöschen des Erbrechtes tritt ein, wenn der Grundhold stirbt, ohne Testaments- oder Intestaterben zu hinterlassen, ferner durch Verjährung nach den allgemeinen Rechtssätzen, durch Aufkündigung von seiten des Grundholden, die zur herkömmlichen Stiftszeit auf die folgende Lichtmess erfolgen muss, endlich aber durch die Strafe der Kaducität. Diese letztere tritt ein, wenn der Grundhold bei geistlichen Gütern zwei oder bei andern drei Jahre verstreichen lässt, ohne die verfallene Stift vollständig zu entrichten, ferner bei eigenmächtigem Verlassen des Gutes, bei bedeutender Gutsabminderung, endlich bei Nichterfüllung solcher Bedingungen, die ausdrücklich mit Androhung der Kaducität verknüpft sind. Übrigens verbleibt dem Grundholden der Anspruch auf die eingebrachte fahrende Habe und den sog. Gutsbericht („was zur Bestellung, Beschlagung und Einrichtung eines Bauerngutes sowohl zu Dorf als zu Feld gehört“), ausserdem der Anspruch auf Ersatz des Wertes der von ihm stammenden Meliorationen, — dies letztere aber nur, wenn er nicht selbst aufgekündet hat; auch werden solche Meliorationen, bei denen

[1] Tit. 10 art. 15.

das Merkmal einer „merklichen und dauerhaften" Verbesserung des Gutes gegeben sein muss, niemals rechtlich vermutet, sondern sie müssen von dem Grundholden erwiesen werden; für die Schätzung derselben werden drei Schätzleute bestellt, je einer von dem Grundherrn, von dem Grundholden und von dem Richter.

Diesem Erbrechte gegenüber stehen die übrigen drei Arten: der wesentliche Unterschied liegt in der verschiedenen Dauer der Verleihung und den verschiedenen das Erlöschen der Grundgerechtigkeit herbeiführenden Thatsachen. Bei dem Leibrechte erfolgte dieses Erlöschen mit dem Tode des Grundholden. Freiherr von Aretin meint freilich in seiner Schrift[1] über die grundherrlichen Rechte in Bayern, dass von diesem Heimfallrechte nur selten Gebrauch gemacht worden sei, und „wohl nie, wenn der Grundhold Kinder hatte": erst „seit einigen Jahren", fährt er fort, „wo man von Aufhebung dieser Grundgerechtigkeiten allgemein spricht, haben die Grundherren als Folge einer natürlichen Reaktion ihre Rechte nach dem Buchstaben des Gesetzes weit strenger geltend gemacht als zu keiner Zeit zuvor"; jedenfalls aber war der Grundherr durch keinerlei gesetzliche Bestimmungen verpflichtet, irgend welche Rücksichten zu nehmen. Das Leibrecht kann mit Einwilligung des Grundherrn ebenso wie das Erbrecht veräussert werden; in diesem Falle erlischt es mit dem Tode des neuen Erwerbers. Es kann aber auch — wie der Ausdruck lautet — nur „auf Aushausung des vorigen Leibs" veräussert werden; es wird dann ein blosser „Zustand" genannt und endigt mit dem Tode des ersten Grundholden. Zu unterscheiden ist endlich noch die blosse „Einleibschaft", d. h. es kauft sich jemand mit grundherrlicher Einwilligung bei dem Gute dermassen ein, dass er lebenslänglich davon ernährt werden muss. Die Neustift endigt mit dem Tode des Grundherrn; es ist also hier im Gegensatze zum Leib-

[1] Zeitbedürfnisse mit besonderer Rücksicht auf Bayern, von G. Freiherr von Aretin, k. b. Kämmerer und Generalkommissar. III. Bändchen: Abhandlung über die grundherrlichen Rechte und Landeskultur in Bayern, Hauptstützen des öffentlichen Wohlstandes. München 1817. p. 17.

recht eine Vererbung der Grundgerechtigkeit möglich, — was bezüglich der Abgaben von ziemlicher Bedeutung ist. Die Herrengunst endlich erlischt — wie schon der Name sagt — einfach nach Willkür des Grundherrn, doch muss natürlich die Abstiftung zur gewöhnlichen Stiftzeit angekündigt und dem Grundholden eine Frist zum Abzug bis nächste Lichtmess gegeben werden. Solange die Abstiftung nicht erfolgt, dauert das Verhältnis fort, gerade wie bei dem Erbrechte, also auch mit Übergang auf die Erben des Grundholden. Es wird auch in streitigen Fällen, da es ungewiss ist, ob es sich um Erbrecht oder Herrengunst handelt, immer das erstere präsumiert; ist es aber zweifelhaft, ob überhaupt ein dingliches Recht vorhanden sei, so wird bis zum Beweise ein blosses Pachtverhältnis angenommen.

Es liegt auf der Hand, dass bei diesen Verhältnissen — auch wenn wir vorläufig von den Abgaben und Leistungen vollständig absehen — ein energisches landwirtschaftliches Handeln, ein Streben nach Vervollkommnung des Betriebes nur in sehr beschränktem Masse vorhanden sein konnte. Bei den sog. irregulären Grundgerechtigkeiten war es ja geradezu von einem nicht zu berechnenden Zufalle abhängig, wann dieselben zu Ende gehen würden; es war eine beständige Unsicherheit, ob man bei Verbesserungen, deren Früchte sich nicht unmittelbar ergeben, diese noch selbst einernten würde oder ob dieselben wenigstens der eigenen Familie zu gute kämen. Überdies lag bei solchen Verbesserungen stets die Gefahr nahe, dass gerade wegen derselben das Gut von dem Grundherrn zurückverlangt würde, um eventuell von einem anderen Abnehmer grösseren Gewinn zu erzielen. Es war geradezu eine Prämie gesetzt auf die möglichst mühelose Ausbeutung und auf Vermeidung jeglicher Hebung des Gutswertes; es brauchte der Grundhold nur soviel Schlauheit zu besitzen, dass er es nicht zu einer irgendwie sichtbaren Verschlechterung kommen liess.

Es ist deshalb sehr erklärlich, dass die Tendenz der Regierung von Max Joseph III. bereits und insbesondere dann von Karl Theodor auf ein allmähliches Überführen all dieser Zustände in das Verhältnis des Erbrechts gerichtet war, gerade wie dann in der 1. Hälfte des 19. Jahrhunderts die Überführung von dem Erbrecht in das volle Eigentum der leitende Gedanke aller Agrarreformen gewesen ist. Diese Tendenz jener Regierungen fand aber allseitig nur sehr geringen Anklang. Unterstützt wurde sie nur durch das Wirken einiger einsichtsvollen praktischen Landwirte (wie Rottmanner, Graf Preysing, Graf Leiblfing), sowie von einer Anzahl hervorragender Gelehrten, von welch letzteren bei jeder Gelegenheit auf das Ungesunde und Unnatürliche dieser Verhältnisse hingewiesen wurde. So benutzte z. B. Vacchieri als Präsident der Münchner Akademie im J. 1789 den Festakt der Akademie an des Kurfürsten Geburtstage dazu, in eindringlichster Weise die absolute Notwendigkeit einschneidender Reformen darzulegen.

Bei den damaligen Zuständen hatte der Kurfürst so gut wie keinen unmittelbaren Einfluss auf die Handlungsweise der übrigen Grundherren. Es blieb ihm also nichts übrig, als durch Verordnungen wenigstens einzelnen Missbräuchen etwas entgegenzutreten, dann aber insbesondere, mit seinem eigenen guten Beispiele voran zu gehen. Dies letztere geschah denn auch in der That mit der ausserordentlich wichtigen Verordnung vom 3. Mai 1779,[1] deren Endzweck — wie das Mandat selbst sagt — auf „Erleichterung und Aushilfe derjenigen Unterthanen gerichtet ist, die ihre Güter nicht eigentümlich, sondern nur mit gewissen von Grundherrschafts wegen ihnen verliehenen Gerechtigkeiten besitzen"; „ihnen selbst zum besten und den übrigen Grundherrschaften zum Beispiel" will der Kurfürst alle in seinen Erblanden bestehenden Grundgerechtigkeiten, „sie mögen immer einen Namen haben", in ein Erbrecht verwandeln, so dass alle diese Güter auch auf die Erben und rechtmässigen Nachfolger der gegenwärtigen Besitzer übergehen, vorausgesetzt, dass diese gegenwärtigen Besitzer im einzelnen den Wunsch deutlich aussprechen, ihre Güter in Erbschaftsgüter verwandelt zu sehen. Gleichzeitig ward damit eine grosse Reform in den Abgabenverhältnissen den Grundholden angeboten, von der später die Rede sein wird. Leider scheint aber dies

[1] Meyr, l. c. II. Bd. 2. Teil, No. LXXX.

Vorgehen des Fürsten fast ganz ohne den erwarteten Erfolg geblieben zu sein. Abgesehen davon, dass das gute Beispiel bei den übrigen Grundherren so gut wie nichts fruchtete, waren es von den eigenen Grundunterthanen des Kurfürsten wohl nur wenige, die von der angebotenen Umwandlung ihrer Grundgerechtigkeiten in Erbrecht Gebrauch machten,[1] wenigstens lässt der bittere und unzufriedene Ton verschiedener Verordnungen darauf schliessen, besonders jener vom 7. März 1783,[2], worin denjenigen, die nicht die Umwandlung in Erbrecht, sondern nur einzelne in dem Mandate vom 3. Mai 1779 angebotene Vorteile benutzen wollten, dies auf das schroffste abgeschlagen wird. Der Grund dieser Erscheinung, die wohl auffallend erscheinen muss, liegt im wesentlichen darin, dass die kurfürstlichen Beamten selbst die Bauern nicht nur nicht aufklärten über die weittragende wirtschaftliche Bedeutung der angebotenen Umänderung, sondern im Gegenteile der erfolgreichen Durchführung der Verordnung selbst entgegenarbeiteten. „Man sollte glauben", sagt Kopf[3] sehr richtig, „dass eine so wohlthätige Verordnung allenthalben mit dem wärmsten Dankgefühle aufgenommen worden wäre; allein die Erfahrung lehrte, dass selbst churfürstliche Staatsdiener und Collegien die verschiedensten Anstände an der Ausführung des Ediktes nahmen, weil es ihrem Eigennutze, ihrer Sportel-Sucht und Wohldienerei nicht entsprach."

---

2. Die Abgaben und Dienstleistungen.

Bei den Abgaben und Dienstleistungen, die auf dem Bauernstande jener Zeit lasteten, haben wir drei verschiedene Gruppen zu unterscheiden:

---

[1] Pelkhoven sagt in seiner mehrerwähnten Schrift p. 92. „Vortrefflich war die Verordnung, dass alles Leib- in Erbrecht verändert werden solle; zum Unglück aber wurde sie bey den churfürstlichen Kasten- und Küchengütern am wenigsten befolgt."

[2] Meyr, a. a. O. Bd. II, Teil 2, Nr. 100.

[3] Kopf, Die Grundherrlichkeit etc. p. 89 f.

a) jene, die auf dem Verhältnisse der Grundherrlichkeit beruhten,
b) jene, die aus der Gerichtsbarkeit entsprangen, und
c) die Bodenzinse und Zehnten.

a) Grundherrliche Abgaben und Leistungen.

Die Abgaben und Leistungen, die der Grundherr als solcher von seinem Grundholden für die überlassene Nutzung des Gutes bezieht, sind: einmal die Stift und Gilt, dann der sog. Handlohn oder das Laudemium, endlich die grundherrliche oder sogen. Giltscharwerk. Die ersteren hiervon sind allerdings im Gesetzbuche selbst — wie aus mehreren Stellen hervorgehen dürfte — eigentlich nur als Abgaben in recognitionem dominii gedacht, jedoch sagt Kreittmayr selbst in seinen Anmerkungen, dass dieser Standpunkt fast nirgends in Wirklichkeit eingenommen würde, dass diese Abgaben vielmehr fast durchgängig als Entgelt für die überlassene Nutzung aufgefasst und in ihrer Höhe dementsprechend bemessen würden.

Was zunächst die Stift und Gilt[1] betrifft, die jährlich an den Grundherrn entrichtet werden müssen, so bestehen sie in einer Geldabgabe (Stift im eigentlichen Sinne), und dann in einer Naturalabgabe (Gilt im eigentlichen Sinne), bei welch letzterer man wiederum die Getreideabgabe (Gilt im engsten Sinne des Wortes) und anderseits den sog. kleinen oder Küchendienst unterscheidet, d. h. die Lieferung einer Anzahl von Eiern, Hühnern u. dgl. Es ist dabei gesetzliche Vorschrift, dass Stift und Gilt an dem Wohnsitze des Grundherrn abgeliefert werden müssen zur bestimmten oder herkömmlichen Stiftzeit, sowie dass der Grundhold dabei persönlich erscheinen muss. Die Naturalabgabe kann einseitiger Weise nicht in eine Geldabgabe umgewandelt werden; der Grundherr kann den Betrag nicht ohne Einwilligung des Grundholden erhöhen, ebensowenig kann aber letzterer ohne besondere dringende Gründe — z. B. wenn ein Stück des Gutes von dem Grundherrn zurückgezogen wird — eine

[1] Cod. M. B. civ. p. 4, c. 7 § 9 und dazu Anmerkungen p. IV. p. 405 ff.

Minderung von Stift und Gilt in Anspruch nehmen. Wird der Grundhold von natürlichen Unglücksfällen betroffen, so kann nach Analogie des Pachtgeldes, falls die Abgabe eine beträchtliche ist, ein Nachlass gefordert werden. Im einzelnen sind diese Forderungen je nach dem Ortsgebrauche ausserordentlich verschieden.

Noch grösser ist die Verschiedenheit in Bezug auf den Handlohn.[1] Es ist dies die Abgabe, die bei Veränderungen in der Person des Grundholden an den Grundherrn entrichtet werden muss. Vielfach ist diese Abgabe, die naturgemäss von dem neuen Grundholden zu entrichten ist, noch mit dem sog. Abstand oder der Abfahrt verbunden, eine Abgabe von geringerer Höhe, die von dem bisherigen Grundholden genommen wurde. Eigentlich sollte nun bei dem Erbrechte ein Handlohn nur dann möglich sein, wenn das Gut nicht durch Erbgang, sondern durch Vertrag an einen neuen Grundholden kam. Allein in allerweitester Ausdehnung hatte es das Herkommen mit sich gebracht, dass auch hier bei jedem Wechsel in der Person des Grundholden ein Handlohn genommen wurde. Ebenso musste derselbe entrichtet werden, wenn sich die Veränderung nur auf die einzelnen Teilhaber eines gemeinschaftlichen Erbrechtsgutes bezog.

Die Giltscharwerk[2] endlich besteht in gewissen Arbeitsleistungen, die der Grundhold seinem Grundherrn — mit Leib oder Vieh — dauernd zu leisten verbunden ist. Dieselben sollen nur so beschaffen sein, dass der Grundhold nebenbei auch die dem Gerichtsherrn schuldigen Frohnden leisten kann, dass er seinen übrigen Obliegenheiten zu entsprechen und doch auch seiner eigenen Bauernarbeit und Bauernnahrung nachzugehen im stande ist. Sollten aber Gerichts- und Giltscharwerk nicht neben einander bestehen können, so soll die letztere gemildert und gegebenen Falls sogar ganz beseitigt werden.

---

[1] Ibid. § 11.

[2] Ibid. p. II, c. 11, § 16.

b) Gerichtsherrliche Leistungen.

Unzertrennlich von der niederen Gerichtsbarkeit ist die sog. Gerichtsscharwerk [1] (Frohnde oder Robold); es sind „Dienste und Arbeiten, die der Unterthan seinem Gerichts- oder Vogtherrn mit Vieh und Leib zu entrichten hat".

Diese Gerichtsscharwerk, die je nach dem Besitze des Einzelnen mit der Hand oder mit Pferd und Zugvieh geleistet wird, wird eingeteilt in die landesgebräuchliche und landesungebräuchliche; die letztere umfasst jene, besonders häuslichen Arbeiten, die man gewöhnlich durch „gebrödte Diener und Ehehalten verrichten lässt", oder auch solche gebräuchliche, die durch dreissig- und mehrjährige Observanz zu ungebräuchlichen geworden sind. Übrigens ist diese Einteilung, bei der sich wiederum alles nach dem jeweiligen Ortsgebrauch richtet, praktisch von geringster Bedeutung. Wichtiger ist dagegen der Unterschied zwischen den gemessenen und ungemessenen Frohnden, von denen die letzteren in solchem Umfange geleistet werden müssen, als es „die Notdurft der Herrschaft fordert und der Landesgebrauch zulässt". Nur soll es auch mit den ungemessenen — wie sich das Gesetzbuch ausdrückt — so gehalten werden, „dass sich keiner füglich beschweren könne". Ist der Bauer irgendwie an der persönlichen Verrichtung dieser Dienste verhindert, so muss er dieselben durch bezahlte Stellvertreter vollziehen lassen. Bezüglich etwaiger Entschädigung bei grösseren Fuhren und dergleichen ist wiederum ausschliesslich der Ortsgebrauch massgebend.

Übrigens sei hier noch die Bemerkung gestattet, dass wir diese Gerichtsscharwerk nicht etwa mit den Diensten verwechseln dürfen, die jedem nicht ständischen Unterthan für Kriegsfuhren, Strassenbauten und dergleichen Staatsleistungen obliegen, die also von der Gerichtsscharwerk ganz und gar unabhängig sind.

c) Bodenzinse uud Zehnten.

Die Boden- oder Grundzinse, d. h. jährlich zu entrichtende, der Grösse nach stets gleich bleibende und von dem Besitzer

[1] Ibid. p. II, c. 11.

eines Gutes als solchem zu leistende Abgaben in Geld oder Naturalien, waren dreifachen Ursprungs. Sie waren teilweise bei Übertragung des Eigentums vorbehalten worden, weit öfter waren sie vertragsmässig auf das Gut gekommen, sehr häufig endlich hatte man durch letztwillige Verfügung sein Gut den Klöstern oder Kirchen zinspflichtig gemacht. Es muss diese Zinspflichtigkeit in sehr grosser Ausdehnung vorhanden gewesen sein, denn nach den schon einmal erwähnten Angaben bei Rudhart waren in den zwanziger Jahren unseres Jahrhunderts — trotz der inzwischen eingetretenen Ablösungsmöglichkeit — im Unterdonaukreis (Niederbayern) über ein Zehntel und im Isarkreis (Oberbayern) sogar mehr als ein Fünftel der sämtlichen Güter damit behaftet. Übrigens war die Höhe der Bodenzinse im allgemeinen sehr mässig, weshalb auch ein Nachlass derselben bei Unfällen vollständig ausgeschlossen war. Auch war es hier, bei der genauen Bestimmtheit der Abgaben, fast unmöglich, dieselben als willkommene Gelegenheit zu Plackereien und Bedrückungen zu benutzen.

Von ganz anderer praktischer Bedeutung ist der Zehent,[1] ein bestimmter Anteil an den Erzeugnissen eines Gutes, den der Gewinner an einen andern abtreten muss. Es kommen hiefür in Bayern nur die Feldfrüchte in Betracht, da — wie Kreittmayr sagt — der Zehent an bürgerlichen Früchten, am Ertrage der Jagd und Fischerei, sowie der Holzzehnt in der Mitte des vorigen Jahrhunderts nicht mehr üblich war. Je nachdem es sich um die grösseren oder die geringeren Feldfrüchte handelt, unterscheidet man den grossen und den kleinen Zehent. Der erstere stand ursprünglich nur dem Pfarrer zu mit Rücksicht auf die sämtlichen in seinem Bezirk gelegenen Grundstücke. Es war jedoch diese Bestimmung um die Mitte des vorigen Jahrhunderts nicht mehr allgemein geltend; vielmehr waren — nach Kreittmayr — die meisten Pfarrer nur mehr Teilhaber des grossen Zehents. Es war allerdings der Übergang eines geistlichen Zehents in weltliche Hände rechtlich sehr erschwert, da selbst die bischöf-

---

[1] Cod. M. B. civ. p. II, c. 10.

liche Einwilligung nur für die schon vor dem lateranischen Konzil (1179) an Weltliche gekommenen und dann wieder zurückgefallenen Zehnten hinreichte, während ausserdem die Genehmigung des Papstes notwendig war; da aber, wie auf allen Gebieten des damaligen Rechtslebens, so auch hier das Herkommen, „die unvordenkliche Verjährung“, den thatsächlichen Übergang ohne grosse Schwierigkeiten ermöglichte, so war in den Zeiten der grossen Unsicherheit, besonders bei den fast ununterbrochenen Kämpfen der bayrischen Herzoge, ein grosser Teil dieser geistlichen Zehnten dennoch in die Hände der weltlichen Grossgrundbesitzer übergegangen. Für die Erwerbung von weltlichen Zehnten waren, wie für alle übrigen Gegenstände des Verkehrs, der Vertrag und die letztwillige Verfügung massgebend. Übrigens war es für Entrichtung des Zehents völlig gleichgiltig, ob der Besitzer des Gutes nur Pächter, Grundhold oder freier Eigentümer war.

B. DIE THATSÄCHLICHE LAGE.[1]

In der Einleitung zu diesem II. Teile ist bereits — auf Grund einer Statistik der bayrischen Grundherrn nach den Hofanlagsbüchern von 1760 und einer Statistik des bayrischen Bauernstandes von 1791 — eine allgemeine Übersicht über die Verteilung des gesamten landwirthschaftlich benutzten Grund und Bodens gegeben worden, soweit das Verhältnis der Guts- und Gerichtsherrlichkeit in Betracht kommt.

Wenn wir die weitere Gliederung der ländlichen Bevölkerung im einzelnen ansehen, so finden wir als die drei

---

[1] Für diesen Abschnitt B kommt besonders die umfangreiche, durch die Bauernfrage in Bayern um die Wende des Jahrhunderts ins Leben gerufene Broschürenlitteratur in Betracht. Ausserdem bieten die Reisewerke von genannten und ungenannten Autoren, sowie die periodische Litteratur gelegentliche Mitteilungen, die zur Aufklärung der wirklichen Lage der Dinge sehr brauchbar sind.

Hauptelemente dieser wirtschaftlichen Gliederung einmal die Hofmarchen und Edelsitze, die sowohl unter sich als auch mit den bei den Klöstern befindlichen Wirtschaften, was die Art der Verwaltung und des ganzen Wirtschaftsbetriebes betrifft, völlig gleichartig sind; dann die Einöden und endlich die Dörfer und Weiler. Um über das zahlenmässige Verhältnis dieser drei Hauptelemente eine nähere Vorstellung zu gewinnen, mögen hier einer Statistik des Jahres 1776 in den Westenrieder'schen Jahrbüchern einige Daten entnommen werden. Darnach waren es damals in den vier Rentämtern München, Burghausen, Landshut und Straubing: Hofmarchen und Edelsitze beziehungsweise 368—139—460—216, Dörfer 2298—1920—2311—1612, endlich Einödhöfe 2385—4609—4580—1552. Das Verhältnis war also derart, dass ausser dem fruchtbaren und schon frühe durch intensivere Wirtschaft ausgezeichneten Rentamt Burghausen, etwa 1 Adelsitz auf 6—7 Dörfer traf, dass aber die Zahl der Einödhöfe in München und Straubing der Dorfzahl ungefähr gleich, in Burghausen und Landshut doppelt so gross war. Auch das letztere Verhältnis entspricht wieder durchaus der Thatsache, dass in dem Bezirk von Burghausen und ähnlich in dem von Landshut sich am frühesten eine intensivere Landwirtschaft entwickelt hat.

Die ersteren nun, die Hofmarchen und Edelsitze (ebenso wie die Klöster), bleiben hier vorläufig unberücksichtigt; der Schwerpunkt ihrer Bewirtschaftung liegt in den auf der Grundunterthänigkeit beruhenden Verhältnissen, von denen unten im einzelnen die Rede sein wird.

---

1. Die Einöden- und Dorfwirtschaft.

Die Einöden[1] sind grosse bäuerliche Güter, von den Dörfern vollständig abgelegen, manchmal bis zu einer Ausdehnung von 1/4 Quadratmeile an Wiesen und Feldern, fas

[1] Reise durch den bayrischen Kreis, 1784, p. 181.

ausnahmslos mit Privatwaldungen verbunden; das zusammenhängende Gebiet wird nirgends oder höchstens an den Berührungspunkten mit dem Gebiete der umliegenden Ortschaften von den Grundstücken fremder Grundbesitzer durchbrochen. Weitaus die grösste Zahl dieser Einöden hatte sich im Laufe langer Zeiten zu derartigen in sich geschlossenen Besitzungen entwickelt. Es waren ursprünglich kleinere Ansiedlungen gewesen, inmitten der Waldungen oder grosser öder Landstriche, die dann durch Kultivierung unbebauten Bodens allmählich vergrössert worden waren. Dazu waren in den langwierigen Kriegszügen des 17. und 18. Jahrhunderts Tausende von Bauernhöfen wieder verödet, deren Boden ohne weiteres in Besitz genommen werden konnte, anderes Gebiet war durch Kauf und von der Mitte des vorigen Jahrhunderts an teilweise auch durch Austausch dazu gekommen. Auf diesen Einödhöfen sehen wir die erste Vorbedingung für einen rationellen Ackerbau, die Unabhängigkeit von andern Grundbesitzern, erfüllt. Trotzdem finden wir, dass gerade auf diesen Einödhöfen sich vielfach die primitive Bewirtschaftung am meisten aufrechterhielt, da es den Besitzern derselben unmöglich war, sich die nötigen Arbeitskräfte zu beschaffen. Wir hören, dass fast ausnahmslos neben dem grossen Bauernhause, darin der Bauer mit seiner Familie, mit seinen Knechten und Mägden wohnt, eine Anzahl von Tagelöhnerhäusern errichtet ist, deren Bewohner gegen freie Wohnung, gegen bestimmte Reichnisse in Natur und gegen bestimmten Taglohn ausschliesslich für den Besitzer der Einöde zu arbeiten verpflichtet sind. Und trotzdem wird uns mitgeteilt, dass abgesehen von den ungemein grossen Weideplätzen dieser Höfe die Felder nicht selten nur alle 5 oder 6 Jahre umgebrochen werden. Bei dieser Sachlage erklärt es sich leicht, dass die grosse wirthschaftliche Bedeutung dieser geschlossenen Güter vielfach verkannt und dieselben überhaupt als ein Missstand bekämpft wurden [1], während doch thatsächlich

[1] So heisst es einmal in dem „Politischen Journal“, März 1784, p. 223: „Eine nachteilige Einrichtung in der bayrischen Landwirtschaft, die aber ihren Grund in dem Volksmangel hat und auch nicht eher

gerade auf ihnen an der Wende des Jahrhunderts die Einführung neuer rationeller landwirtschaftlicher Einrichtungen beruhte.

In den Dörfern haben wir, wenn wir nur die unmittelbar mit dem Ackerbau in Verbindung stehenden Personen in's Auge fassen, die Bauern, die sog. Söldner oder Häusler, die Leerhäusler, die Tagwerker und die unständigen Taglöhner. Die Bauern, die im Dorfe ihr Anwesen, in der Dorfflur ihren Besitz an Feld und Wiesen, auf den Gemeindegründen ihren entsprechenden Nutzungsanteil haben, unterscheiden sich je nach der Grösse ihres Besitzes in ganze, halbe, viertel, selbst achtel und sechzehntel-Bauern. Der Massstab der Einteilung ist verschieden. In früheren Zeiten war derselbe genau bestimmt. So findet sich in den von Krenner herausgegebenen bayrischen Landtagsverhandlungen aus dem Jahre 1478 [1] die Einteilung in wirkliche Höfe oder Schwaigen, in Huben oder Halbhöfe und in Lehen oder Viertelshöfe, je nachdem der Besitzer 5, 3 oder nur 2 Pferde halten darf. Im Laufe der Zeiten aber hatte sich auch hierin eine weitgreifende und mit Rücksicht auf die Lasten und Abgaben tief einschneidende Verschiedenheit herausgebildet. Wir finden für die zweite Hälfte des vorigen Jahrhunderts meist das Verhältnis derart geordnet, dass ein ganzer Bauer mindestens für 8, ein halber für 6, ein viertel für 4 Pferde Feldbau und Wiesenwachs haben muss. In einzelnen Gegenden ist die Einteilung auch direkt nach dem Umfang des Gutes getroffen, so z. B. in Hohenschwangau, wo der Bauer mindestens 9, der halbe

---

aufgehoben werden kann, bis letzterer verbessert wird, sind die sog. Einöden oder Einsiedlerhöfe, deren man in Bayern gegen 40000 zählt. Viele dieser Höfe beherrschen einen Bezirk von oft mehr als einer halben Stunde in die Länge und in die Breite. Sie sind alle von den Dörfern entfernt und liegen allein. Ein solcher Bauer auf einem Einsiedlerhofe pflügt nur mit 8 Pferden, da er nach dem Umfange seiner Äcker mehrenteils 12 bis 16 zum Feldbau nötig hätte. Auf die Art liegen die besten Felder oft 6 Jahre lang brach, weil es an Händen zur Arbeit fehlt, oder wegen der geringen inneren Konsumtion und des Mangels einer vielfältigen Ausfuhr, der Preis des Getreides zu billig ist."

[1] Krenner, Landtags-Verhandlungen etc., 1803, VIII, p. 284.

mindestens 4, der viertel mindestens 2 Tagwerke besitzen muss.[1] Die Söldner oder Häusler haben ein Anwesen im Dorfe, aber keinen Grundbesitz in der Flur oder wenigstens nur soviel, dass sie nicht ohne anderweitigen Verdienst davon zu leben im Stande sind. So werden in den „statistischen Aufschlüssen" von Hazzi bei vielen Dörfern Söldner erwähnt, die ein Pferd oder Ochsengespann besitzen, und neben dem eigenen Feldbau noch die kleinen Felder der Handwerker und Tagewerker bearbeiten. Die sog. Leerhäusler — in einzelnen Gegenden auch Häusler genannt — besitzen im Dorfe ein kleines Haus oder den Teil eines Hauses, haben aber im übrigen keine selbständige Wirtschaft; sind sie im Besitze eines kleinen Grundstückes, so wird dasselbe mit fremdem Gespanne bewirtschaftet. Sie verdienen ihren Lebensunterhalt durch Taglohn, gerade wie die Tagwerker, die auch an vielen Orten mit den Leerhäuslern völlig identisch sind. Diese letzteren besitzen ebenfalls nichts in der Flur, aber auch nichts im Dorfe, sondern sind meist auf den grösseren Höfen als eine Art ansässiger Taglöhner angesiedelt, die aber nicht ausschliesslich, sondern nur vorzugsweise für den betreffenden Bauer zu arbeiten haben. Übrigens hatten die Leerhäusler ebenso wie die Söldner nach der Verordnung von 1723 ausdrücklich Anspruch auf Bau- und Weidegründe, unter der ausdrücklichen Bedingung, dass sie sich „allzeit als Tagewerker zur Bauernarbeit gebrauchen lassen". Später — 1762 — wurden sie noch mehr begünstigt in Bezug auf die Verteilung von Gemeindegründen, jedoch wird für Leerhäusler und Tagewerker die Einwilligung der Bauern erfordert, wenn sie ein Stück Vieh halten wollen. Diese Tagewerker und die eigentlichen Taglöhner waren von grösster Bedeutung, da bei der dünnen Bevölkerung, bei der ungemein erschwerten Ansässigmachung und Familiengründung im ganzen Lande ein ausserordentlicher Mangel an Dienstboten herrschte. Nach einer Statistik des Jahres 1776 waren es Tagewerker etwa halb soviel als männliche Dienstboten, im

[1] Hazzi, Statistische Aufschlüsse über das Herzogtum Bayern. 1801—1808. I. p. 284.

Bezirke Straubing war es fast die gleiche Zahl. Dieser Mangel an Dienstboten ging soweit, dass besondere Verordnungen dagegen notwendig wurden, dass sich die Landwirte gegenseitig die Dienstboten durch grössere Versprechungen abwendig zu machen suchten; man setzte die Höhe des Taglohns ein für allemal fest und bedrohte jegliche Übertretung mit strenger Strafe, — völlig ohne Erfolg. So lag es im Interesse der grösseren Bauern, dass sie, um nicht ausschliesslich auf Dienstboten und Tagewerker angewiesen zu sein, möglichst viele Leerhäusler ansiedelten, die mit den einzelnen Gütern in engeren Beziehungen standen. Dieselben waren aber doch nicht das ganze Jahr hindurch mit Arbeit für diese Güter versehen und führten deshalb vielfach nebenbei als Zwischenhändler für landwirtschaftliche Produkte eine zweifelhafte Existenz. Es herrschte deshalb ziemliche Furcht vor dieser Klasse von vielfach subsistenzlosen Leuten, weshalb in einer grossen Zahl von Verordnungen vom bayrischen Landrechte bis 1783 die Ansiedlung derselben an die obrigkeitliche Genehmigung gebunden wurde.

Was die Grösse der einzelnen Güter betrifft, so herrscht in der Gesetzgebung ein gewisser Widerstreit der Absichten: auf der einen Seite fürchtete man eine allzuweit gehende Zerstückelung des Grundbesitzes, wenn man die Gebundenheit der Güter aufheben würde, auf der andern Seite wünschte man die Zahl der Bevölkerung möglichst zu heben. Wegen des ersten Bedenkens erhielt sich das Verbot jeglicher Gutszertrümmerung bis zu den grossen Verordnungen vom 24. März 1762 [1] und 3. August 1772 [2]. Nach der ersteren sollen die grösseren Höfe nicht nur zertrümmert werden, wenn es dem Besitzer oder der Grundherrschaft nicht möglich ist, dieselben genügend zu bestellen, sondern es wird für solche Fälle der Ortsobrigkeit sogar das Recht eingeräumt, die Gutszertrümmerung ex officio vorzunehmen, wobei aber jedes einzelne Stück mit einem besondern Mayer zu versehen ist.

[1] Sammlung der bayrischen Landesverordnungen 1771, p. 458.

[2] Meyr, Sammlung der bayrischen Landesverordnungen 1784, I. Bd. 1. T. Nr. LXXVI.

In der letzteren wird besonders den Besitzern, die mehrere Kinder haben, nahe gelegt, durch Teilung unter dieselben das Gut in mehrere kleinere Besitzungen zu zerlegen. Ganz die gleiche Tendenz zeigt sich in der Behandlung der sog. Zubaugüter. Zwar hatte das sog. erste bayrische Kulturmandat von 1723[1] den Besitz von mehreren Anwesen unter dem Namen von „Zubaugütern" gestattet, wofern man die Wirtschaftsgebäude der einzelnen Güter eingehen liess; die Kreittmayr'sche Gesetzgebung aber griff wieder auf das alte bayrische Landrecht zurück und verbot eine derartige Besitzweise auf das entschiedenste. Im Jahre 1772 wurde dann noch weiter bestimmt, dass jeder, der sich im Besitze solcher Zubaugüter befinde, dieselben gegen entsprechende Entschädigung sofort abzutreten habe, wenn die Obrigkeit einen Käufer oder Mayer dafür stellt, es sei denn, dass der Besitzer selbst unverzüglich einen Käufer oder Mayer für dieselben aufzuweisen im Stande wäre. Auf diese Weise kam eine ziemliche Anzahl von Söldnern und Leerhäuslern zu selbständigen Anwesen oder wenigstens zu Mayerschaften[2]. Leider aber konnte es bei den damaligen Verhältnissen nicht verhindert werden, dass diese nunmehr selbständigen Wirtschaften von den verschiedenen Grundherren sofort mit Abgaben und Sporteln im weitesten Masse belegt wurden, so dass allmählich die beabsichtigte Wirkung, immer mehr solche kleinere gut bewirtschaftete Güter in's Leben zu rufen, schon nach kurzer Zeit nicht mehr weiter eintrat. Es wurde deshalb schon 1783 das Verbot der Zubaugüter wieder zurückgenommen und nur der Besitz derselben, damit wenigstens die Staatskasse einigen Nutzen davon hätte, mit einer geringen Abgabe belegt.

Die Grundstücke der Dorfangehörigen in der Flur befanden sich im allgemeinen in der Gemengelage; bei den Dörfern, die unmittelbar bei einem herrschaftlichen Sitze gelegen waren, lagen auch die Grundstücke dieses Herrschaftssitzes unter den Grundstücken der Dorfangehörigen zerstreut. Bis zu der Mitte des vorigen Jahrhunderts herrschte in

[1] Sammlung der bayrischen Landesverordnungen 1771. p. 448.
[2] D. h. Inhaber einer Grundgerechtigkeit, besonders eines Erbrechtes.

Bayern, nur mit wenigen Ausnahmen in den südlichen Teilen desselben, die Dreifelderwirtschaft mit unbebauter Brache, auf welch letzterer unbeschränkte Weide gestattet war. Natürlich waren damit jedem Grundbesitzer, auch wenn der Einzelne gerne zu einer rationelleren Bewirtschaftung fortgeschritten wäre, vollständig die Hände gebunden. Nun war aber bereits zu Ende des 17. Jahrhunderts die Theorie von dem „Ausruhen des Feldes“ etwas erschüttert worden, und als in der Mitte des vorigen Jahrhunderts der Kampf gegen die unbebaute Brache in der Theorie gleichsam organisiert und mit äusserstem Nachdruck geführt wurde, da stand die kurbayrische Regierung mit in erster Linie, diese neue Theorie in der Praxis zu verwirklichen. Zu gleicher Zeit konnte anderseits die Thatsache nicht unbeachtet bleiben, dass die in sich geschlossenen Einödhöfe trotz ihrer mangelhaften Bewirtschaftung ein verhältnismässig sehr günstiges Resultat ergaben. Fast zu gleicher Zeit kamen deshalb nach einander die Verordnungen, welche die Brachfelder unbebaut liegen zu lassen verboten, das Weiderecht auf b e b a u t e r Brache aufhoben, jedem Eigentümer die volle Freiheit des Anbaues gewährleisteten. Damit war es möglich, daran zu denken, die zusammengehörenden Grundstücke aus der allgemeinen Flur auszuscheiden und durch Umtausch mit andern das einzelne Besitztum möglichst zu einem in sich geschlossenen Ganzen zu vereinigen. Um der Sache den nötigen Nachdruck zu verleihen, wurde in dem Edikt vom 3. Juni 1762 ausdrücklich befohlen, „dass die grösseren Felder, Wiesen und Waldungen entweder durch selbst gutwilliges Einverständnis der Interessenten gegen einander ausgewechselt oder, falls dies Einverständnis nicht erzielt werden kann, die Zusammenlegung ex officio von der Obrigkeit durchgeführt werden solle.“ Die Verordnung war gewiss gut gemeint, hatte aber, wie alle übrigen, wenig Erfolg. Zunächst war die Sache in die Hände der niederen Behörden gelegt, die in der Zusammenlegung der Grundstücke und in der daraus hervorgehenden Verminderung aller möglichen Streitigkeiten und Rechtsgeschäfte mit Rücksicht auf ihre Sporteln und Gebühren keineswegs einen Vorteil erblicken konnten und deshalb der Sache natürlich nicht sehr günstig gestimmt waren. Dazu standen einer grösseren Ausdehnung der Zusammenlegung in den Grundherrschaften fast unübersteigbare Hindernisse entgegen. Es hätte vor allem in den Gerichtsbarkeits- und Grundherrlichkeitsverhältnissen, dann in der Einrichtung des Hoffusses[1] Ordnung geschafft, es hätten zunächst die sämtlichen Abgaben nicht auf die Güter selbst, sondern auf die einzelnen Grundstücke umgelegt. diese Grundstücke als „walzende“ erklärt werden müssen. So ist es leicht zu begreifen, wenn uns in den Berichten aus dem 8. und 9. Jahrzehnt des vorigen Jahrhunderts von grösseren Unternehmungen zum Zwecke der Zusammenlegung der Grundstücke fast nichts mitgeteilt wird. Eine wesentliche Änderung trat erst ein, als im Anfange des letzten Jahrzehnts das Verfahren bei Zusammenlegungsprozessen den Unterbehörden vollständig abgenommen und ausschliesslich der Landesdirektion übertragen wurde, die all diesen Bestrebungen mit grösster Bereitwilligkeit entgegenkam. Erst jetzt wird uns in den Schilderungen von Hazzi und Obernberg von glücklich durchgeführten grösseren Zusammenlegungen berichtet, wir hören sogar von einigen wenigen Dörfern, in denen für die sämtlichen Angehörigen diese Arrondierung vollendet war; — eine allgemeinere Ausführung in grösserem Massstabe blieb noch dem Anfange unseres jetzigen Jahrhunderts vorbehalten.

In engem Zusammenhange mit dieser Zusammenlegung der Grundstücke steht endlich die Aufteilung der Gemeindegründe. Jede Gemeinde als solche war im Besitze von Wald- und Grundeigentum. Um die Gemeindewaldungen, die noch im letzten Jahrzehnt des vorigen Jahrhunderts zum grossen Teile aufgeteilt wurden, haben wir uns hier nicht weiter zu kümmern, sondern nur um die landwirtschaftlich benutzten Grundstücke. Dieselben wurden in dem alten Bayern ausschliesslich als Gemeindeweide benutzt (gegenüber dem Herzogtum Neuburg, wo Gemeindegrundstücke als Allmenden auch zur Einzelbewirtschaftung an Gemeindeangehörige abgegeben wurden), auf welche nach den älteren bayrischen

[1] Einteilung und Verzeichnis der Güter bezüglich der Besteuerung.

Verordnungen bis 1762 jeder Gemeindeangehörige so viel Vieh zu treiben berechtigt war, als er mit eigenem Futter zu überwintern vermochte. Sehr frühe schon tauchte nun die Idee der Abteilung dieser Grundstücke auf. Schon im Landrecht von 1616 wird dieselbe gestattet, unter der Bedingnng, dass sie von der ganzen Gemeinde beschlossen und von der Obrigkeit genehmigt wird; jedoch scheint die Abteilung bis zur Mitte des vorigen Jahrhunderts nur in wenigen ganz vereinzelten Fällen zur Ausführung gelangt zu sein. Von da an aber finden wir, im Zusammenhange mit den vorhin geschilderten Bestrebungen, auch in diesem Punkte ein entschiedeneres Vorgehen. Das oft erwähnte Mandat vom 24. März 1762 bestimmte, dass alle Jahre ein bestimmter verhältnismässiger Teil der Gemeindeplätze zu Wiesen oder gegebenen Falls zu Waldungen umgerissen werden solle, bis einmal eine Abteilung unter die sämtlichen Gemeindeglieder ohne grosse Schwierigkeit stattfinden könnte. Ausserdem hatte nach den Bestimmungen über die Kultur öder Strecken nicht nur jeder Gemeindeangehörige das Recht, seinen Anteil an den Gemeindegründen zur Kultivierung sich ausscheiden zu lassen: es sollten sogar jedem Fremden zum Zwecke der Kultur Teile von den Gemeindegründen überwiesen werden, nur dass die Gemeindeglieder selbst dabei das Vorrecht hatten: so in der Verordnung vom 26. Mai 1775. Die wohlbegründete Furcht, dass die auf solche Weise in Bewirtschaftung genommenen Grundstücke in allerkürzester Zeit mit allen möglichen Abgaben und Leistungen belegt werden könnten, verhinderte auch hier, dass von den angebotenen Rechten in grösserem Umfange Gebrauch gemacht wurde, so dass es vor 1790 nur in sehr wenigen Fällen zu einer Aufteilung der Gemeindegründe kam. Man wollte nun einen weiteren Druck ausüben und bestimmen, dass jeder, der sich seinen Anteil an den Gemeindegründen zur Kultivierung bereits hatte ausscheiden lassen, trotzdem bei späteren Teilungen wieder in gleicher Weise wie alle übrigen sollte berücksichtigt werden. Diese Bestimmung scheiterte aber an dem Widerstande der Landschaft, die nur das eine zugab, dass die nunmehrigen Eigentümer dieser ausgesonderten Grundstücke in Bezug auf die Weideberechtigung mit den übrigen gleichgestellt wurden. Allein der gleiche Grund wie bei der Arrondiernng verhinderte auch jetzt noch, trotz aller gebotenen Vorteile, eine grössere Ausdehnung dieser Aufteilungen: solange überhaupt das System der Grundunterhänigkeit in seinem vollen Umfange blühte, war an eine rationelle und allgemein durchgeführte Aufteilung der Gemeindegründe nicht zu denken. Ein wesentlicher Grund übrigens, dass diese Aufteilungen bis zum Ende des vorigen Jahrhunderts so selten vorkamen, lag auch in der vollkommenen Unbestimmtheit der bayrischen Verordnungen bezüglich des zu beobachtenden Verteilungsmassstabes. In der massgebenden Verordnung von 1762 war nur „eine konvenable und proportionierliche Verteilung" vorgesehen, in den Verordnungen von 1723 und 1775 heisst es, „es solle die Kultur ohne Nachteil eines Dritten geschehen," so dass also, wer grösseres Nutzungsrecht hatte, auch grösseren Anteil erhalten sollte. Entsprechend diesem Grundsatze wurde auch im Herzogtum Neuburg 1771 die Verteilung nach dem Massstabe der Grösse der einzelnen Güter als das Richtige erklärt. Im folgenden Jahre aber wurde verfügt, dass „ohne Rücksicht auf Bauern- oder Söldnerstand" die Gemeindegründe zu gleichen Teilen aufgeteilt werden sollten. Und auffallender Weise scheint man bis zum letzten Jahrzehnt bei der Mehrzahl der wirklich stattgefundenen Aufteilungen diesen Grundsatz der gleichheitlichen Verteilung ohne Rücksicht auf den Umfang der einzelnen Wirtschaften festgehalten zu haben, obgleich dieser Verteilungsmodus in Bezug auf die landwirtschaftliche Technik zu den grössten Unzulänglichkeiten geführt haben muss. Auch in der schon erwähnten, an dem Widerstande der Landschaft gescheiterten Verordnung von 1790 war dieser gleichheitliche Verteilungsmodus ohne Rücksicht auf die Grösse der einzelnen Besitzungen angenommen. In der Verordnung von 1795 aber wurde festgesetzt, dass bei Aufteilungen wohl Rücksicht auf die Grösse der einzelnen Höfe genommen werde, dass aber auch die Leerhäusler dabei nicht leer ausgehen sollten. Allein auch auf diesem Gebiete, gerade wie bei den auf Zusammenlegung der Grundstücke gerichteten Bestrebungen, beginnt erst unter der Regierung von Max Joseph I. ein regeres Leben.

Wir haben es bei dieser Schilderung der thatsächlichen Lage des Bauernstandes im Vorstehenden nur mit den unmittelbar mit der Verteilung des Grundbesitzes zusammenhängenden Verhältnissen zu thun gehabt. Das Gesamtresultat aller diesbezüglichen Untersuchungen lässt sich in Kürze dahin zusammenfassen: Wir finden überall einen energischen Anlauf zu wichtigen grundsätzlichen Reformen, eine glückliche Durchführung derselben scheitert aber insbesondere an den gesamten durch das System der Grundherrlichkeit geschaffenen Verhältnissen und an dem Widerstreben der unteren Behörden.

2. Die Gutsherrschaft.

Es ist bei dieser Schilderung der thatsächlichen Lage bisher von den Wirtschaftsverhältnissen des Herrschaftsgutes, der Hofmarch, des Edelsitzes oder wie es sonst heissen mag, dann von der Wirtschaft der Klöster und der kurfürstlichen Besitzungen nicht die Rede gewesen und zwar, wie erwähnt, aus dem Grunde, dass diese Wirtschaften wesentlich auf dem Verhältnisse der Grundherrlichkeit beruhen, das hier in zusammenhängender Weise geschildert werden soll. Es war dies Verhältnis der Grundherrlichkeit, deren rechtliche Wirkungen weiter oben zusammengestellt sind, von entscheidender Bedeutung für die gesamte Lage des damaligen Bauernstandes; denn, wie ebenfalls bereits erwähnt, waren ja nur 6 Prozent der Höfe und 4 Prozent der Familienzahl freieigen, also frei von jeglicher Grundunterthänigkeit.

Da die Bewirtschaftung der grossen Herrengüter und die der Klöster in den wesentlichen Zügen vollständig übereinstimmen, so hätten wir es bei den Repräsentanten der Grundherrlichkeit nur mit dem Unterschiede zu thun, ob die einzelne Grundherrschaft — als Mitglied der Landstände — zugleich im Besitze der niederen Gerichtsbarkeit ist oder nicht. Allein auch diesen Unterschied können wir für unsere Betrachtung der *wirtschaftlichen* Verhältnisse zunächst unbeachtet lassen. Denn von unmittelbar wirtschaftlicher Bedeutung waren dabei nur die auf der niederen Gerichtsbarkeit beruhenden Gerichtsscharwerke. Wir können aber mit gutem Grunde annehmen, dass es wohl keine Grundherrschaft gab, bei der nicht grundherrliche Scharwerke durch das Herkommen eingeführt waren. Bestanden nun bei ein und derselben Grundherrschaft die Gerichts- und die grundherrlichen Scharwerke neben einander, so wurde nicht etwa zwischen den einzelnen Leistungen je nach der Art derselben ein Unterschied gemacht: die Scharwerke wurden einfach dem Herkommen entsprechend verlangt und geleistet, der Rechtstitel, auf dem die einzelnen beruhten, trat vollständig in den Hintergrund.

Wie stand es nun mit der Bewirtschaftung dieses Herrengutes? Wir können uns über die wesentlichen Einnahmequellen am besten wohl von den Beteiligten selbst belehren lassen. Als im Jahre 1799 die Verordneten des bayrischen Ritter- und Adelstandes sich entschlossen, im Namen des gesamten Adels 200 000 Gulden zu den Staatsausgaben beizuschiessen, da reichten einige „Individuen des Ritter- und Adelstandes“ eine „bittliche Vorstelluug [1] ein, darin sie die Unmöglichkeit einer solchen Leistung nachzuweisen suchten. In dieser „bittlichen Vorstellung“ und den durch sie hervorgerufenen kleinen Schriften ist uns eine nicht uninteressante Schilderung dieser Verhältnisse von Seite der Beteiligten selbst gegeben.

Als die wichtigen Einnahmequellen werden hier aufgeführt:

1) das Obereigentum bei den Grundunterthanen, also Stift, Gilt und Laudemien;
2) die Jurisdiktion und deren Folgen;
3) die teils aus dem Obereigentum, teils aus der Jurisdiktion entspringenden Scharwerke;
4) das Erträgnis eigener Ökonomien;
5) verschiedene mit dem Adelstand verbundene Privilegien, welch letztere aber auf die wirtschaftlichen Verhältnisse des Gutes selbst und die Unterthanen keinen unmittelbaren Einfluss hatten.

[1] Bittliche Vorstellung mehrerer Individuen des Ritter- und Adelstandes in Bayern an die Hochlöbliche Landschaft, 1799.

Wenden wir uns zunächst zu den eigenen Ökonomien. Unmittelbar bei dem Herrensitze, neben dem Schlosse oder dem einfachen Wohnhause des Grundherrn, befinden sich die grossen Wirtschaftsgebäude: grosse Scheunen und Stallungen. Mit denselben verbunden sind die paar Tagwerkerhäuser, die auf dem Herrengut wohl niemals fehlten; man baut diesen Tagwerkern ein kleines Haus, gibt ihnen wohl auch einige Acker- und Wiesenflecken, manchmal eine kleine Grundgerechtigkeit, immerhin aber bleibeu sie Taglöhner. Ihre Zahl ist übrigens gerade auf den Herrschaftsgütern verhältnismässig klein. Denn vor allem konnte der Grundherr dem Mangel an Dienstboten, der so schwer auf den andern Landwirten lastete, dadurch abhelfen, dass er von dem Dienstzwange Gebrauch machte: Die erwachsenen Kinder der Grundunterthanen waren verpflichtet, vor allem dem Grundherrn ihre persönlichen Dienste anzubieten und konnten nur mit seiner Einwilligung sich anderweitig verdingen; wir hören wiederholt, wie von solchen Burschen oder Mädchen, resp. ihren Angehörigen, 20 Gulden und darüber für einen Stellvertreter derselben gezahlt werden. Dieser Zwang ging — zwar nicht gesetzlich, aber nach dem ziemlich allgemein üblichen Ortsgebrauch — sogar so weit, dass die Hofmarchsherren oder die Klöster die Kinder ihrer Unterthanen, wenn sie sich bereits irgendwo rechtmässig in den Dienst begeben hatten, mitten im Jahre, gerade in der Zeit, da es am meisten dringende Arbeit gab, den Bauern ohne Anfrage aus dem Dienste wegnahmen, wie aus der diesen Zwang beseitigenden Verordnung von 1802 hervorgeht. Anderseits aber geschah die Besorgung der meisten häuslichen Arbeiten, und insbesondere die Bewirtschaftung der herrschaftlichen Grundstücke, die in der 2. Hälfte des vorigen Jahrhunderts noch zum überwiegenden Teile in der Flur der umliegenden Dörfer oder wenigstens eines Dorfes zerstreut lagen, durch die Grundunterthanen selbst.

Diese Scharwerke, zu denen die Grundunterthanen verpflichtet sind, sind bis zum 8. und 9. Jahrzehnt des vorigen Jahrhunderts bei den privaten Grundherrn mit nur wenigen Ausnahmen ungemessene. So erklärt Graf Leiblfing, der bei den Streitigkeiten wegen Einberufung der Stände persönlich angegriffen, in einer kleinen Verteidigungsschrift[1] 1802 auch über diesen Punkt sich eingehender äussert, dass er „vor 17 Jahren", also ungefähr 1785, „zu einer Zeit, da die ungemessenen Scharwerke noch die schönste Perle der adeligen Güter waren", als „einer der ersten" dieses Recht der ungemessenen Scharwerke freiwillig aufgegeben habe.

Die Ungemessenheit der Scharwerke äussert sich nach zwei Richtungen: dieselben sind unbestimmt sowohl nach der Zeit als nach dem Umfange. Es sind nicht etwa bestimmte Tage in der Woche festgesetzt, an denen sich die Unterthanen zur Arbeit einzufinden haben; es sind auch nicht bestimmte Arbeiten, die dem einzelnen ein für allemal übertragen sind: — die Grundherrschaft kann zu jeder beliebigen Zeit dem Grundunterthan ihren Arbeitsauftrag zukommen lassen. Über den Umfang aber sei hier ein Privatbrief seinem wesentlichen Inhalte nach wiedergegeben, der von einem der wenigen milden und einsichtsvollen Hofmarchsherren geschrieben und in einem „Beitrage zur Frohne in Bayern, 1798" abgedruckt ist. Der Verfasser erzählt, wie auf seiner eigenen Hofmark „nur wenige Jahre zurück" die ungemessenen Scharwerke mit einer solchen Strenge aufrecht erhalten wurden, dass sie die Unterthanen nicht mehr ertragen konnten oder wollten. Sie wandten sich an die höheren Justizstellen, verloren ihren Prozess durch alle Instanzen und erbitterten dadurch ihre Herrschaft nur noch mehr. Diese Scharwerke umfassten nun auf dem Gute des Briefschreibers folgende Dienstleistungen:

1) die Abräumung des Unrats auf dem Schlosse, so oft es die Herrschaft für notwendig fand; dabei bekamen die Arbeiter herkömmlicher Weise ein Essen, das in der Regel ungeniessbar und mindestens quantitativ jedesmal unzureichend war.

2) Botengänge für die Herrschaft; der Bote bekam für

---

[1] Nachtrag zu dem 11. Stück der „Präliminarien eines neuen Landtages in Bayern" 1801; (eine Reihe von kleinen Schriften, in denen die Mängel der ständischen Vertretung besprochen werden.)

die Meile 3 Kreuzer und musste oft mit einem einfachen Briefe oder um einen Jagdhund zu liefern, einen Weg von 9—10 Meilen machen.

3) Getreidefuhren in die Schranne, wobei oft 3—4 Tage zugebracht werden; dafür werden 18 Kreuzer und 1 Metzen Hafer verabreicht.

4) Den ganzen Winter über wird das herrschaftliche und das Zehentgetreide gedroschen; dabei bekommt der Einzelne für jeden Scheffel 10 Kreuzer, aber nichts zu essen.

5) Jeder Bauer muss einen grossen Fanghund, jeder Gütler oder Leerhäusler einen kleinen Jagdhund wohlgefüttert erhalten; jede Nachlässigkeit wird hierbei mit einem Pfund Pfennige bestraft, die auch unnachsichtlich eingetrieben werden, da der Verwalter die Hälfte der Strafgelder in partem salarii bekommt.

6) Die sämtlichen landwirtschaftlichen Arbeiten.

7) Die Jagdscharwerke; der Bauer muss im Herbste mehrere Wochen lang bei dem Fuchsklopfen und bei den Jagden als Treiber dienen, um das Wild, das den Frühling und Sommer hindurch auf seinem Acker fett geworden, vor die Flinte der Jagdgäste zu treiben. — Endlich

8) überhaupt alles, was die Herrschaft zu befehlen Lust hat: Die Weiber müssen die Zimmer des Schlosses ausfegen — dafür pro Tag 2 Pfennige; Flachs und Hanf brechen, hecheln, schwingen und spinnen — dafür pro Tag 2 Kreuzer, aber ohne Essen; Hopfen zupfen oder ablösen — u. s. w.; die Männer müssen im Holze arbeiten, bei jeder Bauarbeit Stein, Sand und Kalk herbeischaffen, den Schutt abräumen und viele andere ähnliche Dienste leisten.

Selbstverständlich wurde bei solcher Einrichtung jegliche geordnete Wirtschaft im eigenen Anwesen nahezu zur Unmöglichkeit. Bei der völligen Unbestimmtheit und bei der Allgewalt des „Herkommens“ aber war natürlich immerfort Anlass zu Streitigkeiten gegeben: Tausende von Akten sammelten sich bei den Justizbehörden in puncto operarum, zahllose Scharwerksprozesse waren anhängig, es gab fast keinen Grundherrn, der nicht in einen oder in mehrere verwickelt war; — Graf Leiblfing betont in der erwähnten Schrift mit besonderer Genugthuung, dass er „zu einer Zeit, da fast alle Gutsbesitzer, geistlichen und weltlichen Standes, bei den Justizdikasterien in Scharwerksprozesse verwickelt sind“, keinen solchen Prozess zu führen habe. Und sehr häufig ergab sich dabei, dass die Bauern nächtlicher Weile Haus und Hof verliessen und auf und davon zogen, wobei sich dann häufig gar keine Käufer mehr fanden für die betreffende Grundgerechtigkeit, weil der Ort allzusehr in Verruf gekommen war.

Es sammelte sich nun hauptsächlich dieser Scharwerke wegen eine ganz unglaubliche Erbitterung im Bauernstande an. Anderseits aber wurde die Leistungsfähigkeit der Grundunterthanen rücksichtlich der Abgaben, von denen weiterhin die Rede sein wird, dadurch nicht unbedeutend gemindert, was sich bei den Einnahmen der Grundherren sehr wohl fühlbar machte. Dazu war den kurfürstlichen Scharwerksunterthanen die Umwandlung der Scharwerke in eine Geldabgabe schon seit Ende des 17. Jahrhunderts geboten; eine Thatsache, die natürlich das Verlangen der übrigen Bauern nach dieser Umwandlung wesentlich bestärkte. So fingen denn in den 70 er und 80 er Jahren des vorigen Jahrhunderts auch die privaten Grundherren almählich an, in diesem Punkte eine durchgreifende Umänderung eintreten zu lassen. Graf Leiblfing erklärt in seiner oben erwähnten Schrift, dass er nur wenige Arbeiten sich in natura vorbehielt, wobei dann die Leistungen genau bestimmt wurden; für die übrigen nahm er ein mässiges Surrogat an und gab überdies seinen Unterthanen einen nicht unbeträchtlichen Schlossfeldbau unter leidlichen Bedingungen zu pachten, wodurch natürlich die Scharwerke bezüglich dieses Teiles der Güter von selbst wegfielen. Der Schreiber des oben erwähnten Privatbriefes erzählt, dass er nach Antritt seines Gutes „zur grössten Zufriedenheit des ganzen Dorfes die gesamten ungemessenen Hand- und Rossscharwerke in eine jährliche in 2 Terminen zu entrichtende Abgabe von 9 Gulden bei dem halben Hof und 2 Gulden bei dem Leerhäusler verwandelt habe, — genau die Hälfte der Beträge, die früher von diesen Unterthanen selbst zur Ablösung dieser Scharwerke vergeblich angeboten worden waren.

Natürlich waren derartige totale Ablösungen nur bei bedeutendem Besitz an Kapitalien und bei besonders günstig gelagerten Arbeiterverhältnissen durchführbar und blieben deshalb auf eine sehr geringe Zahl beschränkt. Allein auch die einfachen Umwandlungen der ungemessenen in gemessene Scharwerke machten nur sehr langsame Fortschritte. Einerseits fürchteten die Grundherren, auf diese Weise einen Teil ihrer Rechte überhaupt zu verlieren, wenn die Unterthanen einmal nicht im Stande wären, ihre Abgaben zu leisten. Anderseits hatten die Beamten der Grundherren ein nicht geringes Interesse daran, die alten Zustände unverändert aufrecht zu erhalten. Nicht selten scheint es auch vorgekommen zu sein, dass man die ungemessenen Scharwerke in Geld- oder Naturalabgaben verwandelte, dass man aber hernach allmählich die gleichen Dienstleistungen wieder einzuführen begann: — also die Ablösungsabgabe und die abgelösten Dienstleistungen zu gleicher Zeit!

Da erstattete endlich am 1. Mai 1793 die obere Landesregierung einen Bericht an den Kurfürsten, worin sie „die grossen und unübersehbaren Ungemache“ klarlegte, die „mit den ungemessenen Naturalscharwerken der ständischen Gerichtsunterthanen in- und aussergerichtlich schon erwachsen sind und täglich neu zum Vorschein kommen“. Unverzüglich erteilte darauf der Kurfürst (Karl Theodor) in einem Reskript vom 14. Mai desselben Jahres seiner oberen Landesregierung den Auftrag, „einen Plan zu entwerfen, auf welche Art und Weise die ungemessenen Naturalscharwerke der ständischen Gerichtsunterthanen allenthalben abgestellt und entweder in gemessene Scharwerke oder in eine Geldprästation umgewandelt werden könnten“. In dem Gutachten, das darauf von der oberen Landesregierung abgegeben wurde, werden die ungemessenen Scharwerke als eine „eigenmächtige, dem Landesfürsten und Gemeinwesen gleich schädliche Usurpation, aus welcher niemals ein Recht erwachsen konnte“, hingestellt und als eine blosse Gnade des Landesherrn erklärt, die wie jede andere dem allgemeinen Besten entgegenstehende Gnade einfach widerrufen werden solle. Man solle deshalb die ungemessenen Scharwerke samt und sonders in eine Geldleistung umändern, und ebenso auch mit den gemessenen verfahren; man solle sich nicht auf Partikularverträge zwischen Herrschaften und Unterthanen verlassen, sondern durch ein allgemeines Gesetz das Übel entfernen; man solle bei der Umwandlung in eine Geldprästation die grundherrlichen Scharwerke — soweit sie als selbständige auf einem Gute herkömmlich wären — niemals höher als auf die Hälfte des vogtherrlichen Scharwerkgeldes festsetzen; — zu dem allen sei aber zuvor eine genauere Scharwerks-Beschreibung notwendig, bei der jeder Unterthan selbst über die von ihm geleisteten Scharwerke vernommen werden müsste.

Der gute Wille war gross, der Erfolg der Bemühungen sehr gering. Der Kurfürst und seine obere Regierung hatten wohl ein lebhaftes Gefühl für die traurigen Verhältnisse und für die Notwendigkeit einer baldigen und durchgreifenden Reform. Allein beiden fehlte das Verständnis dafür, dass eine derartige, tief in die gesamten landwirtschaftlichen Arbeiterverhältnisse einschneidende Massregel nicht urplötzlich durch einfachen Befehl durchgeführt werden könnte. Dazu kamen dann die Kriegsunruhen, welche die inneren Fragen mehr in den Hintergrund drängten.

So blieb es denn im Wesentlichen immer noch bei den alten Verhältnissen, und auch von einem Mitte der 90 er Jahre wiederholten Versuche des Kurfürsten, die unterbrochenen Verhandlungen wieder aufzunehmen, heisst es in einer Verordnung vom 8. Juli 1799, dass „nichts Bestimmtes darüber zu stande kam“. Nur scheint die Zahl der Grundbesitzer, die freiwillig eine teilweise Umwandlung durchführten, sich im letzten Jahrzehnt des vorigen Jahrhunderts bedeutend gesteigert zu haben; — wenigstens heisst es in der eben erwähnten Verordnung, dass „bereits viele und ansehnliche Güterbesitzer zu ihrem und der Unterthanen Nutzen mit gutem Beispiel vorangegangen seien.“

Während es so zu einer durchgreifenden Änderung nicht kommen konnte, wurden die Leistungen bei den allgemeinen drückenden Verhältnissen immer unerträglicher. Es mehrte sich deshalb fortwährend die Zahl der Fälle, in denen die Unterthanen die Leistung der Scharwerke verweigerten. Die meisten der dadurch veranlassten Prozesse wurden zu Ungunsten der Bauern entschieden, die eingelegten Berufungen bei den Appellationsbehörden verworfen. Die Bauern schrieben diese Thatsache dem Umstande zu, dass die unteren, sowie die Appellationsbehörden fast ausschliesslich mit Freunden und Verwandten des Gutsherrn selbst besetzt waren. Sie versuchten nunmehr ihre Beschwerden ohne weiteres an die höchste Stelle zu bringen, was aber in der wiederholt erwähnten Verordnung vom 8. Juli 1799 aufs strengste untersagt wird; es wird sogar den Advokaten, welche in Scharwerks-Prozessen mit Beschwerden „aus der gesetzlichen Ordnung treten würden“, die gegen die öffentlichen Ruhestörer gesetzte Strafe angedroht.

Es ist erklärlich, dass bei solcher Sachlage die Erbitterung unglaublich steigen musste, besonders seitdem gerade in Bayern die französischen Revolutionsideen verhältnismässig früh Eingang gefunden hatten, da von zahlreichen einflussreichen Männern in edelster Absicht die Grundsätze einer neuen aufgeklärten Weltanschauung gepredigt wurden. Wie nun um die Wende des Jahrhunderts die Stimmung, wenigstens in einem sehr grossen Teile des Bauernstandes, gewesen ist, dürfte aus einer — 1802 im Druck erschienenen — „dringendsten Bitte an Max Joseph IV. von der Bauernmannschaft am Isarthal um Aufhebung der Frohnen“ hervorgehen, von der hier nur der Gedankengang — möglichst mit den eigenen Ausdrücken des Schriftchens mitgeteilt sei:

„Oft schon versuchten wir es, unsere Zwingherrn auf dem Wege des demütigsten Bittens nur blos um Gnade anzuflehen“, — „aber schon beim ersten Schalle, den wir hören liessen, ward wieder die Zwangs- und Zuchtrute über unserm Nacken gezückt, um uns in das vorige Sklavenjoch zurück zu nötigen“; „unvermögend, dieses Übermass länger zu ertragen, schlugen wir den Rechtsweg ein“ — bei einer Regierung, die „ihrem Personal nach selbst zur Hälfte mit Zwingherren aus dem nämlichen Regierungsbezirke besetzt ist.“ „Einer der gröbsten

Unfuge ist die Frohne, die wir ohne Mass und Ziel unseren Zwingherren leisten müssen.“ „Willst Du Dich überzeugen, welches Unwesen mit diesen Frohnen diese blut- und gelddürstigen Schinder der Menschheit in unserer mehrere Meilen sich erstreckenden Gegend treiben, so fordere von Deiner Landesregierung zu Landshut die noch laufenden Akten ab.“ „Es sind Tyrannen, die nicht nur kein Übermass der Frohnen mehr kennen, sondern auch dies Übermass noch auf die grausamste Art in Vollzug setzen.“ „Wir sind in eine Gegend versetzt, wo der Natur durch Fleiss und durch unsere Arbeitsamkeit aufgeholfen werden soll; gerne wollten wir zu unserm und der ganzen Gegend Bestand solche mit Rastlosigkeit kultivieren, liesse man uns nur Zeit und Weile dazu; so aber, — unsern Pflug nur einen Augenblick an die Seite gestellt, so pocht schon wieder der herrschaftliche Scherge an unsere Thüre und fordert uns zur Frohnleistung auf.“ „Wir wissen, dass Du, bester Max, uns gerne helfen möchtest. Wir wissen auch, dass selbst schon im obersten Staatsrate über Aufhebung des so verderblichen Frohnwesens der ausführliche Vortrag gemacht und dieser auch genehmigt worden ist. Allein leider wurde dieses edle und weise Vorhaben der Landschaft, einem Ausschusse unserer Zwingherren, um ihren Beirat zugeschossen.“ Wenn diese Aufhebung des Frohnwesens, die schon „mit dem Begriffe unserer Persönlichkeit selbst gegeben ist“, nicht bald erfolgt, so „fühlen wir uns kräftig genug, diesen Skorpion von unserer Seite zu schaffen. Unsere Beile, die wir bisher wie Sklaven zu ihrem Nutzen führten, werden wir, wenn uns nicht geholfen werden sollte, gegen diese Ungeheuer führen und mit ihrem Fette den Moos- und Distelgrund düngen, zu dessen Kultur uns jetzt noch durch die Frohnen die Kraft und Zeit geraubt sind. So auf diese Art uns selbst von unsern Würgern losgerissen, werden wir in den Schoss des Staatsvereins zurücktreten und uns unmittelbar unter die Regentengewalt unseres geliebten Max Joseph stellen.“ „Verbündet sind wir zu mehr als 15 Gemeinden und es kostet uns nicht viel Mühe, sondern nur ein Wort und das ganze Isar- und Donauthal Unterlands tritt unserm Bunde bei, um gegen diese unsere Würger und Tyrannen für einen Mann zu stehen." „Wir insgesamt flehen Deine Vaterlandsliebe mit Ehrfurcht an: Hebe endlich einmal dieses Frohnwesen auf und verwandle dasjenige Frohnrecht, das sich auf einen rechtmässigen Ankunftstitel gründet, in eine gemässigte Geldforderung; gerne wollen wir uns auf diese Geldleistung verstehen, als das Opfer, wodurch wir in den Stand gesetzt werden, dieses abscheuliche Joch von uns abzuschütteln!"

Die wirtschaftlichen Folgen dieser Verhältnisse waren nicht nur für den Grundunterthan, sondern auch für den Grundherrn von schlimmster Art. In ersterer Beziehung brauchen wir nicht mehr weiter darauf einzugehen: es war — wie schon hervorgehoben — dem Grundunterthan einfach die Möglichkeit benommen, seinen eigenen Grund und Boden in einigermassen rationeller und sorgfältiger Weise zu bewirtschaften. Aber auch für den Grundherrn war jeder bedeutende Fortschritt zu einer rationellen Wirtschaft — wenn nicht unmöglich gemacht, so doch ungemein erschwert. Vor allem fiel für ihn einer der Hauptgründe weg, die zu einer vernünftigen Zusammenlegung der Grundstücke in's Gewicht fallen: er brauchte nicht damit zu rechnen, dass durch die zerstreute Lage derselben ungeheuer viel Arbeitszeit und Arbeitskraft verloren ging. Dazu kam, dass diese verwirrten, jeder festen Ordnung entbehrenden Verhältnisse zahllose Anlässe zu Streitigkeiten, zu kleinen Widerspenstigkeiten seitens der Beamten geben mussten; da aber hierauf ein wesentlicher Teil des Einkommens der gutsherrlichen Beamten beruhte, so hatten diese selbstverständlich das grösste Interesse daran, diese unhaltbaren Missstände solange als möglich noch aufrecht zu halten.

Natürlicher Weise war dann diese erzwungene Arbeit auch möglichst schlecht und an den Bau von Pflanzen, die grössere Sorgfalt erfordert hätten, war kaum zu denken. Der Ertrag dieser Wirtschaft kann deshalb im Allgemeinen nur verhältnismässig gering gewesen sein. Bedenkt man nun, dass ein grosser Teil dieses Ertrages für den Gehalt der Beamten oder durch deren Unterschlagungen wieder aufging, dass ein grosser Teil der adeligen Güter mit Schulden schwer belastet war, sowie dass besonders die adeligen Grundbesitzer jener Zeit sehr bedeutenden Aufwand zu machen pflegten, — so kann man es wenigstens begreifen, wie sich die oben erwähnten „Individuen des Ritter- und Adelstandes“ in ihrer „bittlichen Vorstellung“ bis zu der Behauptung versteigen konnten, dass der grössere Teil der damaligen bayrischen Grundherren von ihrer eigenen Ökonomie überhaupt nicht zu leben im Stande wären, wenn sie nicht die zahlreichen Abgaben von ihren Grundunterthanen zu beziehen hätten.

Wie stand es nun mit diesen Abgaben? Es waren, wie in dem ersten Teile dieses Abschnittes dargelegt wurde, zwei Gruppen solcher Abgaben: einmal die unständigen, nicht regelmässig wiederkehrenden Laudemien, dann die jährlich zu entrichtenden Gilten und Zehnten.

Schon die ersteren, die Laudemien, waren von einschneidendster Bedeutung. Ursprünglich sollte das Laudemium in einer Höhe von 5 Prozent des Gutswertes nur als Anfall genommen werden, als Abgabe bei einer wirklich stattfindenden Gutsveränderung, d. h. wenn der wirkliche Besitz des Gutes an eine andere Person kommt, die mit Sigel und Brief investiert wird. Nun hatte aber das Landrecht auch das Laudemium bei der Abfahrt anerkannt, allerdings nur in der Höhe von 2½ Prozent und nur unter der Voraussetzung eines 30jährigen Herkommens oder einer unvordenklichen Verjährung. Dieses Herkommen hatte sich aber in kurzer Zeit im ganzen Lande entwickelt: „Diese zweite Laudemialreichnis“ — so heisst es in einem Aufsatze des Münchener Intelligenzblattes 1797[1] — „ist dank der lieben Gerichtspraxis dermalen im ganzen Lande hergebracht; es gibt nun kein einziges Bauerngut, wo nur ein Fall bezahlt wird.“ Das eigentliche Übel aber bei dem Laudemialwesen lag, wie ebenfalls in dem Jahrgange 1797 des eben citierten Blattes und besonders in einer eigenen Schrift Rottmanners[2] an zahlreichen Fällen erläutert wird, in der

[1] XX. Stück vom 13. Mai 1797.

[2] Bemerkungen über Laudemial- und andere grundherrliche Rechte in Bayern 1797.

völligen Unbestimmtheit, die in diesem Punkte herrschte: „Gerade der Volksteil, der die Laudemien entrichten muss, kennt nicht viel mehr als das Wort davon; wie und nach welcher Regel gezahlt werden muss, darüber kann er schwerlich klug werden.“[1] Es herrschte eben — und überall konnte man sich auf das Herkommen berufen — bei der Laudemialbehandlung nur in dem einen Punkte eine Übereinstimmung, dass man durch Zahl und Höhe der Laudemien einen möglichst hohen Betrag zu erzielen strebte. Es hatte sich eine Art von Praxis entwickelt, den Laudemialfall unter allerlei Vorwänden zu vervielfältigen; besonders liebte man es, bei dem Tode des Familienvaters das Gut nominell zunächst auf die Frau und von dieser erst auf ein Kind übergehen zu lassen, um so einen dreifachen, manchmal sogar vierfachen Laudemialfall zu konstruieren. Anderseits verstand man es, die Laudemien immer mehr in die Höhe zu treiben; in den meisten Fällen wurde eine in der Zwischenzeit stattgefundene Gutsbesserung bei der Schätzung angenommen und deshalb ein höherer Laudemialbetrag angesetzt. In zahlreichen Fällen wurden die Laudemien geradezu als Spekulationsobjekt benutzt. Man forderte dem neuen Gutsübernehmer, namentlich wenn derselbe ein besonderes Interesse an dem Gute zu haben schien, so hohe Laudemien ab, dass er nach Entrichtung der Sporteln und Gebühren beim Antritte seiner Wirtschaft von jeglichem Kapital entblösst war, — „dass sie (die Grundholden) demnächst der Mittel, Gebäude, Viehstand, Ackergeräte und den sonstigen Gutsbeschlag in besseren Stand zu setzen, grösstenteils entblösset sind“, — heisst es in der Verordnung vom 3. Mai 1779. Musste doch, um ein ziffernmässiges Beispiel anzuführen, ein Bauer, der ein Gut von etwa 1500 Gulden an Gutswert übernahm, ohne die Inventur- und Kommissionskosten nicht weniger als 456½ Gulden baar bezahlen![2] Der neue Gutsinhaber war also gezwungen, wenigstens in sehr vielen Fällen, Kapital aufzunehmen; nun hatte er aber, jeglichen wahren Eigentums baar,

[1] Münchener Int.-Blatt, 1797, XVI. Stück, 15. April.
[2] Westenrieder, Beschreibung des Starnbergersees, p. 152.

natürlich nur sehr beschränkten Kredit und konnte sich in der Regel nur an den Grundherrn selbst wenden, der ihm auch nicht ungerne ein unbeträchtliches Kapital auf bestimmten, nicht allzulangen Termin vorstreckte. Nur zu oft war es dann dem Grundunterthan schlechterdings unmöglich, den Termin einzuhalten; nur widerwillig und nach grossen freiwillig gebrachten Opfern erklärt sich der Grundherr bereit, den Termin zu verlängern; ist an diesem Termin der Grundhold abermals nicht in der Lage, seine Schuld zu tilgen, so wird er von dem Gute vertrieben und die Spekulation mit den Laudemien beginnt von neuem mit einem anderen Übernehmer. In einem anonymen, sehr gemässigt geschriebenen Werkchen[1] versichert uns der Verfasser, der offenbar als ehemaliger Herrschaftsbeamter die gesamten Verhältnisse aus eigener Erfahrung sehr genau kannte, dass er auf einem Gute seiner Herrschaft innerhalb 12 Jahren diesen eben geschilderten Prozess 3 bis 4mal sich abspielen gesehen habe! Dazu kam endlich noch ein weiterer Umstand, der die Höhe der Laudemien stark beeinflusste: Nach der Taxordnung hatten die Schergen und Beamten keinerlei Nachrechte bei Gutsveränderungen; trotzdem aber hatte sich ganz allgemein das Herkommen gebildet, dass dieselben von jedem Gulden, den die Herrschaft zu Laudemien erhielt, 8 Kreuzer, be Stiften und Klöstern das Doppelte zu fordern hatten, — natürlich ein mächtiger Ansporn für die Beamten, ihrerseits nach Kräften auf die Vermehrung der Laudemialfälle und auf die Erhöhung der Laudemien hinzuwirken. Die Grundherren hüteten sich auch, in den Gerechtigkeitsbriefen jemals die Höhe der Laudemien anzugeben, die Beamten aber erteilten über dieselben keinerlei Bescheinigung.

Auch hier suchte nun der Kurfürst Karl Theodor Abhilfe zu schaffen, allein auch hier war er darauf beschränkt, einzelnen allzu grossen Missbräuchen durch Verordnungen etwas abzuhelfen, ziemlich ausnahmslos ohne Erfolg, dann aber — mit seinem eigenen guten Beispiele zu wirken. Auch

---

[1] Wie geht man mit den ständischen Unterthanen um? 1802, p. 14.

hier ist es die mehrfach erwähnte Verordnung vom 3. Mai 1779, die eine ausserordentlich wichtige Reform wenigstens anzubahnen versucht. Es wird hier — ausser der oben besprochenen Umwandlung der sämtlichen Grundgerechtigkeiten in Erbrecht — dem kurfürstlichen Grundholden freigestellt, „ob er bei der vorhin üblichen und kontraktmässigen Mayerschaftsbehandlung, Taxen, Sporteln und ihrer jedesmaligen baaren Abführung wie bisher verbleiben, oder aber den nun bemessenen Mayerschaftsbetrag in einer wohl erschwinglichen jährlichen Frist, neben den übrigen auf dem Gut haftender, ständigen Abgaben entrichten wolle". Es soll diese Frist niemals unter dem Vorwande einer Gutsbesserung erhöht werden und alle neue Gutseinschätzung in dieser Absicht ein für allemal verboten sein, so dass also der Grundhold ohne Furcht vor Erhöhung der Abgabe auf Hebung des Gutes bedacht sein könnte. Bezüglich der Höhe dieser Abgabe aber soll von den bei den letzten drei Gutsveränderungen zu Grunde gelegten Gutsanschlägen der Durchschnitt berechnet und von diesem Durchschnittsbetrage entweder 5 Prozent — wo nur Anfahrt — oder $7^1/_2$ Prozent — wo auch Abfahrt üblich ist — festgesetzt werden; dieser Laudemialbetrag wird dann in Fristen auf 20 Jahre verteilt. Für diejenigen, die von diesem Anerbieten Gebrauch machen wollen, soll diese Umwandlung in sogenannte „Mayerschaftsfristen" sofort ohne Taxen und Sporteln vollzogen werden; sie selbst aber haben, da sie ja bei der Gutsübernahme die Laudemien bereits bezahlt haben, diese jährlichen Fristen natürlich nicht zu entrichten.

Leider hatte auch dieses Bestreben des Kurfürsten gerade wie die beabsichtigte Einführung des allgemeinen Erbrechtes, äusserst geringen Erfolg; auch hier waren es hauptsächlich die eigenen Beamten des Kurfürsten, die in der wirklichen Durchführung der Verordnung teils eine Beeinträchtigung ihrer eigenen Einnahmen, teils auch eine zu weit gehende Begünstigung der Unterthanen zum Schaden der landesherrlichen Gerechtsame und Einkünfte erblickten. Sie hüteten sich deshalb auf der einen Seite, den Bauern, die ohnehin eine gar wohl begreifliche Scheu vor einer jährlichen

Abgabe hatten, einen richtigen Begriff von der Tragweite dieser Einrichtung beizubringen; anderseits aber versuchten sie auch, dem Kurfürsten selbst Vorstellungen wegen der verderblichen Wirkungen einer solchen Massregel zu machen: „Wir hatten“, so schreibt der Kurfürst in einer Verordnung vom 22. Dezember 1790, „weder von unseren Beamten noch von unseren Kollegien selbst vermutet, dass man uns dagegen Einwendungen und Vorstellungen machen, Anstände erregen und Abänderungen respektive Modifikationen vorschlagen würde. Gleichwie wir aber unter dieser Zeit nichtsdestoweniger öfters damit behelligt werden, — so haben wir uns Vortrag erstatten lassen und alle neu dagegen vorgebrachten Gründe reiflich erwogen. Da wir nun hierbei keinen hinreichenden Grund fanden, von unserer vorigen wohl überlegten Meinung abzugehen, so haben wir beschlossen, diese Huld, Liebe und Gnade nun und nimmer zurückzunehmen oder in anderweg schmälern und entziehen zu lassen.“ Es werden in dieser Verordnung vom 22. Dezember 1790 die Bestimmungen vom 3. Mai 1779 in ihrem vollen Umfange erneuert und bestätigt, von den Beamten aber wird die Enthaltung von ferneren Einwendungen und unbedingter Gehorsam erwartet. Diese Abneigung der Beamten zeigt sich auch in dem Erfolge eines weiteren Versuches des Kurfürsten, speziell in die Laudemialbehandlung wenigstens einige Ordnung zu bringen. Es wurde nämlich unter dem 23. Februar 1789 die obere Landesbehörde angewiesen, — „in Bezug auf alle diesbezüglichen Abgaben genauere Erhebungen zu veranstalten, die Meinung der Justizbehörden darüber einzuholen, aktenmässig die wahre Beschaffenheit der Abgaben zu untersuchen und das Ergebnis dem Kurfürsten zur Einsicht zu unterbreiten.“ Nach wiederholten scharfen Mahnungen kam das Referat, aus dem die zahllosen Missbräuche sich mit erschreckender Deutlichkeit ergeben, volle 10 Jahre nach der obigen Verordnung zu stande, wurde aber dem Kurfürsten nicht mehr vorgelegt; nur von einem Kopisten des Referats wurde dasselbe der Öffentlichkeit übergeben.[1]

[1] Laudemial-Missbräuche in Bayern, oder Mittel, dem durch den Krieg verarmten Landmann nach und nach wieder aufzuhelfen, 1801.

Die unheilvollen wirtschaftlichen Wirkungen dieser Laudemialbehandlung äusserten sich also in doppelter Beziehung: einmal versanken die Grundunterthanen von Anfang ihrer Wirtschaft an immer tiefer in Schulden und es fehlte ihnen in den meisten Fällen an dem nötigen Kapital, um die Wirtschaft in besseren Stand zu setzen, dann aber hatten sie selbst in dem seltenen Falle eines hinreichenden Kapitalbesitzes vor einer merklichen Besserung des Gutes im Hinblick auf ihre Nachkommen eine nicht unbegründete Scheu. Es ist deshalb wohl begreiflich, wenn gerade das Laudemium in den Schriften und Aufsätzen, die sich um die Wende des Jahrhunderts mit der landwirtschaftlichen Frage in Bayern befassen, unter den Kulturhindernissen stets mit in erster Linie genannt wird.

Wie stand es aber mit den regelmässig wiederkehrenden Abgaben, mit Stift und Gilt und mit den Zehnten?

Die ersteren bestanden — wie schon früher dargelegt wurde — in einer jährlichen Abgabe von Geld und Getreide, dann von Eiern, Hühnern u. s. w. Vor allem herrschte nun auch hier die Gewohnheit, den Umfang der Abgaben etwas unbestimmt zu lassen, wobei jedoch die Höhe derselben immerhin recht bedeutend war; dann aber suchte man jeden Nachlass von vorne herein möglichst auszuschliessen, obgleich die Unterthauen nach den gesetzlichen Bestimmungen bei schweren Unfällen solchen Nachlass zu beanspruchen hatten. Es sei gestattet, hier die diesbezüglichen Bestimmungen eines Leibrechtsbriefes des Klosters Tegernsee aus dem Jahre 1798 anzuführen. Es wird darin ein Gut des Gotteshauses dem N. N. zu rechtem Leibgeding verliehen, so dass er es, wie Leibgedings Recht, Sitte und Gewohnheit ist, benützen möge, — „hingegen aber uns und unsern Nachkommen ohne unser Kosten, Müh' und Nachschicken jährlich auf den Tag, so ihm hierzu benennt wird, ohne allen Abgang zu rechter Gilt dienen und reichen soll — fl.; welcher Gilt wir also jährlich gewärtig sind und daran weder wegen Unbau, Schauer, Krieg, Brunst noch einig anderer Landesgebresten an Steuern oder anderen, wie diese Namen haben möchten, nichts ausgenommen, kein Entgeltnis haben wollen.“ — „Zudem behalten wir uns und unsern Nachkommen um die rückständigen, von ihm nicht bezahlten Stiften und Gilten bei diesem Gute das Pfändungsrecht und auch frei bevor, was uns bei diesem Gute für Bau-, Schnitt-, Zimmer- und anderes Holz zu des Gotteshauses Notdurft tauglich sein, oder anderen auf erkenntlichen Notfall damit zu helfen uns gefallen möchte, ungehindert jederzeit schlagen zu lassen und unserer Gelegenheit nach zu gebrauchen; wie wir uns dann auch sonderheitlich gesamtes Schmerholz reserviert wollen haben"; der Leibgedinger darf nur das für die Wirtschaft selbst nötige Holz schlagen, aber nur „auf sein gebührend vorheriges Anmelden", er darf nichts davon verkaufen, muss das Gehölz sauber in gutem Stand halten und gute Aufsicht haben, dass nichts daraus heimlich entzogen wird. — Wir sehen, klar bestimmt ist nur die Höhe der Geldabgabe, die Holznutzung, sowie die Verwahrung gegen Nachlassgewährung, von dem sogenannten „Küchendienst" ist überhaupt nicht die Rede; es war also den herrschaftlichen Beamten die grösste Möglichkeit geboten, bezüglich des Quantums und der Qualität der Abgaben die Unterthanen auf alle Weise zu bedrücken. Hören wir den Verfasser einer kleinen Schrift von 1802,[1] der sichtlich mit all diesen Verhältnissen ausserordentlich vertraut ist. Wenn die Zeit zum „Eindienen" (d. h. Ablieferung von Gilt und Küchendienst) kommt, so wird, wenn es auch Fehljahre sind, nur in den seltensten Fällen ein Nachlass gewährt, so dass also die in dem Stiftsbriefe enthaltene Verwahrung gegen Nachlässe in der Wirklichkeit ernste Bedeutung hatte; mit eiserner Härte treibt man alles bis auf den letzten Heller und das letzte Mässchen Getreide ein. Wenn der Bauer die Gilt schüttet, so wird der Scheffel so hoch wie möglich aufgehäuft nnd dann abgestrichen; das Abfallende ist der Anteil der Beamten und Schergen; reicht in Folge des starken Abstreichens das gebrachte Getreide nicht ganz aus, so muss auch das geringste Quantum nachgeliefert werden, — der Bauer darf nicht daran denken, aus dem Abgestrichenen etwa nachzufüllen. Wenn möglich noch ärger

[1] „Die zitierte Schrift: „Wie geht man u. s. w." p. 16 ff.

ist es mit dem sogen. Küchendienste; man konnte ja mit der Grösse der eingelieferten Eier, Hühner u. s. w. leicht unzufrieden sein und einen Ersatz durch Verdoppelung der gewöhnlichen Zahl verlangen; bei den Gespinsten wird regelmässig an gesponnenem Garne genau das gleiche Gewicht zurückverlangt, das an Flachs oder Hanf hinausgegeben wurde, ohne zu berücksichtigen, dass bei der Arbeit etwas Material verloren geht; und in ähnlicher Weise werden alle die einzelnen hierher gehörigen Punkte behandelt. Und dabei — einer so allgemeinen Formulierung und einer so willkürlichen Behandlung gegenüber — heisst es dann in dem Stiftsbriefe, dass der Grundhold, der „einen oder mehrere dieser Artikel irgendwie verletzt", sofort seine Grundgerechtigkeit verwirkt haben soll, — „wir mögen ihn auch alsobald davon entsetzen". Es liest sich fast wie bittere Ironie, wenn in der Verordnung vom 23. Oktober 1767 erklärt wird, dass fortan den Unterthanen an sämtlichen landesherrlichen Gefällen wegen Schauer keine Nachlässe mehr bewilligt werden sollen, es seien dieselben vielmehr auf die grundherrlichen Abgaben zu verweisen.

Von weit grösserer wirtschaftlicher Bedeutung noch waren die Zehnten. Nach Gesetz und Recht sollte in Bayern nur der sogenannte grosse Zehent gelten, d. h. der Zehent an Wein und den grösseren Feldfrüchten; der Zehent an den kleineren Früchten, worunter Obst, Hopfen, Flachs, Hanf Heu, Kartoffel, Tabak, sowie der sog. Blutzehent (d. h. der Zehent an den Hühnern und dem sonstigen Hausvieh) waren nach dem Landrecht ausdrücklich ausgeschlossen. In der Wirklichkeit aber hatte es das Herkommen auch hier wieder zu einer völligen Umkehrung der Sachlage gebracht: „So klar die Gesetze" — so lesen wir in einer Schrift über den kleinen Zehent 1784[1] — „für die natürliche Freiheit der Unterthanen bei den kleineren Früchten sind und so gewiss es ist, dass man vorhin vermöge uralter Landesobservanz keinen kleinen Zehent gab, — so zeigt sich doch dermalen

[1] Über die Unrechtmässigkeit des kleinen Zehent in Bayern 1784, p. 5 ff.

fast überall das Gegenteil; die Zehentherren wussten eine der vorigen schnurgerade entgegengesetzte Observanz einzuführen; besonders sind es die Geistlichen gewohnt, immer weiter zu greifen." Gerade dieser kleine Zehent war aber für die gesamte Kulturentwickelung von tiefstem Einfluss. Es handelte sich hier zum grossen Teil um Handelsgewächse, bei denen die Kosten für Samen oder Pflanzen, sowie die notwendigen Arbeiten einen viel grösseren Betrag von den Bruttoeinnahmen ausmachen als bei den grösseren Getreidefrüchten, so dass also hierbei der Zehentherr einen unverhältnismässig grossen Anteil von dem Erfolge des Anbaus an sich nimmt. So gab es — nach der gleichen Schrift von 1784 — fast keinen Ort, wo man damals nicht den Hopfenzehent zu nehmen anfing; sehr viele Unterthanen gaben deshalb den Hopfenbau wieder auf und die Entwicklung des Hopfenbaus war dadurch bis in unser Jahrhundert herein wesentlich gehemmt. Sehr wichtig endlich war eine ebenfalls im Widerspruche mit der Gesetzgebung entstandene Übung. Nach dem Landrechte sollte beim Übergang von einer Fruchtart, die zehentbar war, zu einer an dem betreffenden Orte nicht zehentbaren das betreffende Grundstück fortan zehentfrei sein. Allein nirgends, soweit an einem Orte ein Übergang zu einer nicht zehentbaren Fruchtart überhaupt möglich war, kehrte man sich an diese Vorschrift, oder richtiger — auch für diesen nur selten vorkommenden Fall hatte es das Herkommen anders geregelt. Dass diese beiden Momente, die Erhebung auch des kleinen Zehent sowie das Festhalten an dem Zehent bei jeder Änderung im Anbau, auf die Entwicklung der Kultur ebenfalls den unheilvollsten Einfluss ausüben mussten, liegt auf der Hand.

Nur in einem Punkte suchte man auch die Zehent-Behandlung, im Zusammenhange mit allen übrigen Abgaben, mit den Forderungen eines Kulturfortschrittes mehr in Einklang zu setzen: in Bezug auf die neu zu kultivierenden öden Gründe. Es war ja selbstverständlich, dass an eine umfangreiche Kultivierung solcher Grundstücke so gut wie überhaupt nicht zu denken war, solange diese mit grossen Mühen und Kosten umgerissenen Gründe von dem ersten Jahre ihrer

Bebauung an den ausgedehntesten Abgaben unterworfen werden konnten. Es bestimmte deshalb die mehrerwähnte wichtige Verordnung vom 24. März 1762 für die öden Gründe, die der Kultur unterworfen würden, eine zehnjährige Abgabenfreiheit von landesherrlichen und grundherrlichen Abgaben und von allen Real- und Personallasten jeder Art"; erst nach 10 Jahren sollten die Kulturrenten „mit den landesherrlichen Abgaben andern Landesunterthanen gleich gehalten und mit den grundherrlichen höher nicht als auf 1 fl. 30 kr. jährlich von 100 fl. dem Werte nach, worin sich das kultivierte Gut unparteiischer Schätzung nach selbiger Zeit befinden wird, belegt werden". Mit dieser letzten Bestimmung war auch für diese neu kultivierten Gründe einer weitgehenden Willkür wieder Thür und Thor geöffnet, die in den meisten Fällen zu einer schablonenhaften, auf die Erzielung möglichst grosser Abgaben gerichteten Behandlung führte; Closen[1] erblickt darin „eine unzweckmässige, den Fleiss bestrafende Anordnung"; bei dem anerkennenswerten reformatorischen Geiste, der sich in den Kulturmandaten des Jahres 1762 kundgibt, erklärt sich die ganze Bestimmung nur aus dem grossen Widerwillen, dem diese Bestrebungen des Landesherrn bei den beteiligten Kreisen begegneten.

Für solche neu kultivierten Gründe wurde nun durch die Verordnung vom 20. Oktober 1779 die zehnjährige Abgabenfreiheit auch auf den Zehent ausgedehnt; in der Verordnung vom 6. Oktober 1793 wurde diese Zehentbefreiung nicht nur neuerdings bekräftigt, sondern auch für die Wiesen angeordnet, die aus einmähdigen zu zweihmähdigen gemacht wurden; am 28. Oktober 1793 endlich wurde die Zehentfreiheit auch auf den Klee und überhaupt auf alle Futterkräuter ausgedehnt, die auf Brachfeldern gebaut würden: — man wollte gleichzeitig die Aufhebung der unbebauten Brache und die Einführung der Stallfütterung befördern.

Ob diese Verordnungen auf die Kultur öder Strecken bedeutend eingewirkt haben, dafür lag dem Verfasser leider

[1] Closen, Kritische Zusammenstellung der bayrischen Landeskulturgesetze, 1818, p. 280.

kein statistisches Material vor. Immerhin liegt die Annahme nahe, dass dieser Einfluss nicht sehr gross gewesen ist, indem eben — wie auf allen Gebieten — auch hier die wohlgemeinten Verordnungen nur zu leicht umgangen oder überhaupt nicht beachtet wurden, ganz abgesehen davon, dass bei den gesamten, bisher geschilderten Missverhältnissen auf dem Gebiete der Landwirtschaft nur sehr wenig Unternehmungslust sich regte.

Fassen wir zum Abschlusse dieser Ausführungen die geschilderten Verhältnisse in ihrer Gesamtheit zusammen: Wir haben eine Reihe von gesetzlichen Bestimmungen, die einen auf steten Fortschritt berechneten, intensiven Betrieb der Landwirtschaft sehr erschweren und die in der Wirklichkeit fast allenthalben noch in wesentlich verschärfter Form sich geltend machen; wir haben die Thatsache, dass die bayrischen Landesfürsten von der Mitte des vorigen Jahrhunderts an von dem edelsten Streben beseelt sind, die Landwirtschaft zu heben und zu fördern, dass ihnen und ihren Ratgebern aber vielfach die volle Einsicht in die nötigen Voraussetzungen zu den beabsichtigten Schritten ermangelt; wir haben endlich die Thatsache, dass nur ein kleiner Teil der Grundbesitzer dem Streben der Landesherren ein volles Verständnis und einen guten Willen entgegenbringt, und dass insbesondere all diese Bestrebungen wesentlich an dem einmütigen Widerstande der landesherrlichen wie der gutsherrlichen Unterbeamten scheitern. Es ist fürwahr nicht zu verwundern, dass am Ende des vorigen Jahrhunderts die bayrische Landwirtschaft wirklich noch — wie ein Aufsatz in dem Münchener Intelligenzblatt 1798 [1] behauptet — ganz in ihrer Kindheit stand.

[1] p. 251.

II. ABSCHNITT.

DIE BAYRISCHE AGRARGESETZGEBUNG VON 1800—1848.

Wir stehen an der Wende des Jahrhunderts, und gleichzeitig am Beginne derjenigen Periode des bayrischen Staats- und Wirtschaftslebens, die für die sozialpolitische Entwickelung der bayrischen Landwirtschaft entscheidend wurde: dieselbe umfasst die Regierungszeit der beiden ersten Bayernkönige, Max I. und Ludwig I.

Bevor wir in die Darstellung dieser Periode selbst eintreten, müssen drei Gesichtspunkte wenigstens berührt werden, die in einer umfassenden Darstellung der Geschichte unserer bayrischen Agrarpolitik eine nicht unbedeutende Rolle zu spielen hätten.

a) Die Agrarverhältnisse in den neu erworbenen Gebietsteilen.

Zunächst müssen wir daran erinnern, dass in dem ersten Abschnitte dieser Schrift ausschliesslich von dem Bayern des vorigen Jahrhunderts die Rede war, das bekanntlich nur das heutige Ober- und Niederbayern, die Oberpfalz und eine Anzahl zersplitterter kleinerer Besitzungen (besonders in dem heutigen Kreise Schwaben und Neuburg), seit 1777 auch die Rheinpfalz umfasste. Erst im Anfange unseres Jahrhunderts nahm Bayern die Gestalt an, die es im Wesentlichen bis in die Gegenwart behalten hat. Es wäre deshalb an dieser Stelle angezeigt, der agrarischen Verhältnisse in denjenigen

Besitzteilen zu gedenken, die erst seit Anfang des 19. Jahrhunderts zu Bayern gekommen sind. Allein in dieser Beziehung können wir auch für die vorliegende Arbeit anführen, was die Verfasser der noch öfter zu erwähnenden Denkschrift[1] zum 50jährigen Jubileum des landwirtschaftlichen Vereins in Bayern geschrieben haben: „Wir müssen im Hinblick auf die ausserordentliche Zersplitterung des damaligen Territorialbesitzes, sowie auf den hie und da eingetretenen mehrfachen Wechsel desselben von vornherein darauf verzichten, auf das Chaos der hier einschlägigen, teils mit den verschiedensten Provinzialrechten zusammenhängenden, teils in einzelnen Mandaten und Verordnungen bestehenden älteren Legislation hier näher einzugehen. Wir glauben dies um so füglicher thun zu können, als die altbayrischen Kulturverordnungen, wie sie ursprünglich für das Herzogthum Ober- und Niederbayern und den grössten Teil der gegenwärtigen Oberpfalz erlassen wurden, nachmals auch in den meisten übrigen Gebietsteilen förmlich eingeführt sind.“

In letzterer Beziehung finden sich die sämtlichen wichtigeren Verordnungen und Entscheidungen, die sich auf diese Einführung der altbayrischen Kulturverordnungen in den neu hinzukommenden Bestandteilen des Königreichs beziehen, in der Verordnungensammlung von Döllinger sehr übersichtlich zusammengestellt.[2] Bezüglich der eigentlichen Grund- und Gutsherrlichkeits-Verhältnisse seien hier nur im allgemeinen einige kurze Hinweise gestattet.

Vor allem muss hier noch auf die Oberpfalz zurückgegriffen werden. Es waren hier die Institute der sog. irregulären Emphyteusis (Leib- und Freistiftsgerechtigkeit) nicht bekannt und die Grundverhältnisse noch vollständig von den Rechtsinstituten des Zinsgutes und des eigentlichen Erbrechtes beherrscht. Nur dieses letztere findet sich in dem oberpfälzischen Landrechte als „Erbverleihung“ oder „Erbverständnis“,

---

[1] Die Landwirthschaft in Bayern. Denkschrift. 2. A. 1862. p. 169.

[2] Döllinger, Sammlungen der bayrischen Verordnungen, Bd. XIV. 2. Abschnitt, 1. Titel, Nr. X, p. 376—422; dazu besonders noch im gleichen Bande der Verordnungensammlung p. 230 § 104, p. 285 § 142.

und es werden die Behörden in dem Gesetzbuche selbst vor jeglicher Einführung von „ungebräuchlichen, zu voreiligen und unbilligen Gedinge“, die eine Bedrückung der Unterthanen mit sich bringen könnten, ausdrücklich gewarnt.[1] Auch finden sich in diesem Gesetzbuche, obwohl es dem bayrischen Landrechte von 1616 nachgeahmt ist und den ausgesprochenen Zweck verfolgt, die Oberpfälzer „der bayrischen Nation mehr anzunähern“, keine besonderen Titel über Leibeigenschaft, Zehenten und Grundvertrag, vielmehr nur wenige und zwar sehr billige Sätze über die Scharwerke. Als dann mit der Gesetzgebung von 1756 die Einführung der sämmtlichen oben aufgeführten Grundgerechtigkeiten auch in der Oberpfalz möglich war, da erwiesen sich einige Versuche, Freistiftsverträge einzuführen, erfolglos und es blieb nach wie vor das Erbrecht der landesübliche Grundvertrag. So erklärt es sich, wenn wir in einer Beschreibung der Oberpfalz aus dem Jahre 1803 folgende Ausführungen lesen:[2]

„Die Natur hat für den Landmann der Oberpfalz sehr wenig gethan, allein der Gewerbfleiss der Landbewohner hat die Natur überwunden. Die Möglichkeit liegt in der Verfassung des Landes: in dem freien Eigentumsrechte. Während in benachbarten Ländern alles Landeigentum in die Hände von Wenigen hinüberwanderte, blieb der Oberpfälzer Herr über Grund und Boden. Freistift, Neustift, Leibrecht, jene betrüglichen Schatten des Eigentums, sucht man vergebens auf den oberpfälzischen Fluren. Selbst Erbrecht ist nicht allgemein und mehr als die Hälfte der Bauerngüter sind ganz freies, meist zinsbares Eigentum. Erbrecht findet sich häufig in jenen Gegenden, wo kurfürstliche Kastenämter ihr Dasein haben, als um Amberg, Neumarkt u. s. w.“ Insbesondere weist Fessmaier an der gleichen Stelle dann noch darauf hin, dass nicht einmal bei allen Besitzungen der Landsassen (d. h. der adeligen Gutsbesitzer) das Erbrecht allgemein verbreitet sei. Er erwähnt als Beispiel die Herrschaft Hollnstein, ganz

[1] „Landrecht des Fürstentums der oberen Pfalz“, 1657, Titel V.
[2] J. G. Fessmaier, Versuch einer Staatsgeschichte der Oberpfalz, seitdem sie Oberpfalz heisset, 1803, p. 209.

an der bayrischen Grenze gelegen: „Von ungefähr 350 Anwesen, die 105 Höfe ausmachen, sind bloss vier Grundholden, die übrigen alle bauen lauter freie Zinsgüter. Sie reichen mässige Gilten, leisten keine drückenden Scharwerke an die Herrschaft, und können verkaufen, ohne den Willen der Herrschaft fordern zu müssen, die Eintragung der Gerichtsprotokolle ist die einzige Bedingung und die Brieftaxen sind die alleinigen Abgaben".

Bei den übrigen Gebieten handelt es sich im Wesentlichen nur um diejenigen Teile der landwirtschaftlichen Gesetzgebung, die in den altbayrischen Ländern den Gegenstand der eigentlichen Landeskulturmandate bildeten: Brachanbau und Futterwirtschaft, Zertrümmerung der übergrossen Güter, Aufteilung der Gemeinheiten im Zusammenhange mit der Aufhebung der Gemeindeweiden, Beförderung des Anbaues von öden Strecken durch angebotene Befreiung von Steuern und Zehnten auf 10 und 25 Jahre.

Die Leibeigenschaft als altes Rechtsinstitut findet sich in ähnlicher Weise wie in Altbayern auch in der unteren Pfalz (heutige Rheinpfalz und ein grosser Teil des heutigen Grossherzogtums Baden). Es sei hiefür nur ein Ausspruch von J. J. Moser aus dem Jahre 1762 (also noch vor der Vereinigung mit Altbayern) angeführt:[1] „Vom Bürger- und Bauernstande weiss ich nichts besonderes zu sagen, als dass, obgleich viele Unterthanen leibeigen sind, solche Leibeigenschaft doch nur in einigen leidentlichen Prästationen bei ihrem Leben und nach ihrem Tode bestehet, auch gar leicht und billig abgekauft werden kann; mithin ist von der in manchen anderen Gegenden Deutschlands üblichen schweren Leibeigenschaft hier nichts bekannt".

Das eigentliche System der Grundherrlichkeit aber mit all den komplizierten Verhältnissen, wie wir sie im ersten Teile dieser Schrift für die altbayrischen Gebietsteile kennen gelernt haben, findet sich in grösserem Umfange nur in dem zu der Unterpfalz gehörigen und also seit 1777 mit Altbayern

[1] J. J. Moser, Einleitung in das Churfürstlich-Pfälzische Staatsrecht, 1762, p. 545.

vereinigten Herzogtum Neuburg, doch scheinen hier die Neustift und die Herrengunst neben dem Erb- und Leibrecht eine verschwindende Rolle gespielt zu haben; in den 20er Jahren des 19. Jahrhunderts gab es dort überhaupt nur mehr Leib- und Erbrechtsgüter, welch letztere bereits die Mehrzahl bildeten. In dem übrigen, am Rheine gelegenen Gebiete der unteren Pfalz gab es neben dem freien Figentum nur Erbrechtsgüter, ersteres bildete um die Wende des Jahrhunderts bereits die Regel. In dem Rezatkreise und in den Mainkreisen kennt das oben erwähnte Rudhardt'sche Werk über den Zustand Bayerns — 1825 geschrieben — neben den freieigenen Besitzungen „fast“ nur die erbrechtbaren und zinspflichtigen Güter. Auch finden sich in Beschreibungen dieser Gebiete aus der Zeit zwischen 1799 und 1810[1] keine Mitteilungen über Missstände, die auf das Verhältniss der Grundherrlichkeit im Sinne der altbayerischen zurückzuführen wären.

In weitestem Umfange aber und wohl mit ziemlich gleichen Wirkungen, wie wir sie in Altbayern kennen gelernt haben, fand sich die ständische resp. landsässische Gerichtsbarkeit verbreitet. So wird u. A. in einer Statistik des Jahres 1783 für die Oberpfalz die Zahl der unter kurfürstlicher Gerichtsbarkeit stehenden Angehörigen des Bauernstandes nur auf etwa ein Drittel höher angegeben als die Zahl der unter landsässiger Gerichtsbarkeit befindlichen Bauern.

Es verhält sich demnach thatsächlich so, dass die Agrarreformen der 1. Hälfte des 19. Jahrhunderts, soweit sie auf durchgreifende Änderung in den Eigentums- und Besitzverhältnissen abzielen, fast ausschliesslich auf das eigentliche Altbayern und das Herzogtum Neuburg sich beziehen, während die übrigen Gebietsteile nur für die sonstigen Bestrebungen, die in der bayrischen Agrargesetzgebung jener Periode zum Ausdrucke gelangt sind, in Betracht kommen.

---

[1] So in „Vertraute Briefe über das Fürstentum Bayreuth vor und nach dem preussischen Regierungsantritte, 1794“; „Beschreibung des kgl. preuss., im Fürstentume Bayreuth liegenden Kirchspiels Goldkronach, von Dürrschmidt, 1800“; „Historische und statistische Beschreibung des Regat-Kreises, 1809/10.

b) Die Forderungen der Theoretiker.

Es liegt nicht entfernt in dem Plane dieser Schrift, an dieser Stelle eine Darstellung der theoretischen Anschauungen über Volkswirtschaft überhaupt zu versuchen, die um die Wende des Jahrhunderts in Bayern herrschend waren.[1] Es soll vielmehr nur kurz darauf hingewiesen werden, welche Forderungen in Bezug auf die landwirtschaftliche Gesetzgebung von den bayrischen Gelehrten und Schriftstellern jener Zeit aufgestellt wurden.

Dieser kurze Hinweis ist umsomehr notwendig, als gerade für jene Zeit die Wechselwirkung zwischen der Theorie und den wirklichen Verhältnissen in Bayern besonders gross erscheint. Waren doch von den Männern, die als Schriftsteller grösseren Einfluss besassen, ungewöhnlich viele in der Lage, auch praktisch ihre theoretischen Anschauungen zu bethätigen. Die einen von ihnen — so Utzschneider, Hellenberg, Hazzi, — waren in amtlichen Stellungen, die ihnen einen weitgehenden Einfluss auf die Thätigkeit der leitenden Staatsbehörden ermöglichten, andere — so vor Allem der noch immer nicht in seiner vollen Bedeutung gewürdigte Rotmanner — waren selbst grössere Landwirte und konnten durch das Beispiel ihrer eigenen Wirtschaft auf weite Kreise der ländlichen Bevölkerung in aufklärendem Sinne wirken.

Die hier in Betracht kommende Litteratur karakterisiert sich nicht durch grundlegende systematische Forschungen. Wohl aber suchen die Autoren mit grösster Sorgfalt den einzelnen Mängeln auf den Grund zu gehen, die bei der thatsächlichen Gestaltung der Institutionen des Rechts- und Wirtschaftslebens überall in Fülle zu Tage treten. Und bei der Frage, wie diesen Missständen abzuhelfen, tritt uns im

---

[1] Eine solche umfassende Darstellung haben wir neuerdings erhalten in dem 1. Teil (Einleitung) der verdienstlichen Schrift von Dr. Ludwig Hoffmann: „Ökonomische Geschichte Bayerns unter Montgelas 1799 — 1817", Erlangen 1885, p. 62—120. Die nachfolgenden Ausführungen schliessen sich im Wesentlichen an die Schrift von Hoffmann an.

Gegensatze zu den Erörterungen der vorausgehenden Jahrzehnte eine wachsende Entschiedenheit entgegen, die auch vor tiefen Einschnitten in das gesammte Staatsleben nicht zurückscheut.

Dieser letztere Zug zeigt sich bezüglich der Landwirtschaft vor Allem in der Erörterung der Besitzverhältnisse. Auch in den letzten Jahrzehnten des vorigen Jahrhunderts bereits hatten die „after-emphyteutischen" Zustände vielfache scharfe Kritik erfahren. Im Wesentlichen aber hatte man sich doch nur höchstens zu der Forderung nach Umwandlung aller Grundgerechtigkeiten in Erbrecht verstiegen. Der Gedanke dagegen einen selbständigen Stand von Kleinbauern mit vollem Eigentum an Grund und Boden zu schaffen, taucht in der damaligen Publizistik kaum in der abgeschwächten Form eines frommen Wunsches auf. So findet sich z. B. in dem mehrerwähnten Intelligenzblatte nur einmal eine Stelle dieser Art. Es wird im Jahre 1771 erzählt, wie der König von Dänemark seinen Domänenbauern das Eigentum verliehen habe. Daran knüpft dann die Redaktion als Anmerkung folgende Betrachtung:[1] „Der weise König ist schon auf dem rechten Wege, wenn sein mildes Herz so denket; denn er weiss schon, dass, wenn der Nahrungsstand blühen soll, ein wahres Eigentum und die Freiheit im Handel die Triebfeder der Landesindustrie sind, und er weiss auch, dass, wenn es den Unthanen wohl gehet, er im Ganzen nichts verlieren kann".

Seit der Wende des Jahrhunderts wird nun aus dieser bescheidenen Betrachtung über den Wert des „wahren" Eigentums die mit voller Schärfe aufgestellte Forderung nach durchgreifender Änderung der bisherigen Besitzverhältnisse. „Freies Eigentum und freie Kultur", die Devise der Agrarreformen in Toskana, wird zum ausgesprochenen Wahlspruche von Hazzi, der in seinen Schriften gleichwie in seiner praktischen Wirksamkeit als die eigentliche Seele der für die Landwirtschaft bestimmten Abtheilung der Generallandesdirektion diesen Grundsatz in umfassender Weise bethätigt. Und Reingruber,

[1] Churbayrisches Intelligenzblatt, 1771 p. 148.

der 1814 als Beamter (Landrichter in Pfaffenhofen) eine Darstellung des „Wirkungskreises eines bayrischen Landgerichts“ schreibt, stellt unter die Haupthindernisse für jede gedeihliche landwirtschaftliche Entwicklung in den Vordergrund: „1) Das auf dem Grunde haftende Feudalsystem und 2) den emphyteutischen Nexus, diesen elenden Rest des Mittelalters, der im geteilten Eigentume unter dem Scheine der Grossmut den feinsten Betrug verbarg“.

Das eben erwähnte Werk Reingrubers, das für uns heute als eine der besten Quellen für die Kenntniss der thatsächlichen Wirtschaftsverhältnisse jener Zeit ebenso schätzenswert ist wie es seiner Zeit einen grossen unmittelbaren Einfluss auf weite Kreise der Beamten und der Landbevölkerung ausübte, zählt dann noch folgende Landeskulturhindernisse besonders auf: die zu unverhältnissmässige Überlastung der Gründe und Bauerngüter mit grundherrlichen, Jurisdiktions- und Staatsabgaben, die noch immer ausstehende Revision der Kulturgesetze, die den Grundsätzen der Ökonomie widersprechende Gutsschätzung bei Gutsabgaben und Gutsveränderungen, den Mangel des Kredits, vorzugsweise den Mangel eines Kreditsystems, den schwerfälligen Gang der prozessualischen Formen der Justiz, und den Mangel an Ackerbauunterricht. Endlich wird noch besonders die „verhältnissmässige Verteilung der zu grossen Bauernhöfe unter die Kinder der das Anwesen übergebenden Eltern“ dringend angeraten, im Interesse der Hebung der Bevölkerung, doch soll dabei ein Existenzminimum als Grenze angenommen werden, die bei der Verteilung nicht überschritten werden darf.

In der gleichen Weise und in merkwürdiger Einmütigkeit wird das gesammte Gebiet des landwirtschaftlichen Lebens einer vernichtenden Kritik unterzogen. Die Missstände bei der Laudemialbehandlung, die dem Bauer gleich bei Übernahme eines Bauerngutes die Hände binden, werden — besonders von Rotmanner — in ihrer ganzen wirtschaftlichen Tragweite klargelegt. Der Missbrauch, der mit den Scharwerken getrieben wird, findet seine unerbittlichen Gegner in Hellersberg und Moshamm. Hellersberg hatte als Adjunkt bei der „Churfürstlichen Hofanlagsbuchhaltung“ zu München namentlich alle „historischen und staatsrechtlichen Notizen über die landesherrlichen Gerechtsame und Grundbarkeiten, über die Entstehung der gutsherrlichen Gerichte und Scharwerke" zu bearbeiten und war von 1799 ab Mitglied derjenigen Abteilung der (noch näher zu erwähnenden) Generallandesdirektion, welcher das Privilegienwesen der Stände und Märkte, der Klöster und adeligen Gutsbesitzer, die Verträge und Prozesse in Gerichtsbarkeits-, Scharwerks-, Edelmannsfreiheits- und ähnlichen Angelegenheiten übertragen waren. Es stand ihm also die genaueste Kenntnis der Entwicklung wie der Missbräuche zu Gebote, als er 1802 sein „Natürliches Mittel, die Scharwerke in Bayern aufzuheben" publizierte und darin den Grundgedanken ausführte: Der Patrimonialgerichtsherr hat keine anderen als jene Scharwerke, die der Landesherr auf seinen Privatbesitzungen besass, längst aber — seit 1665 — in eine Geldabgabe umgewandelt hat, — es ist also nicht mehr als billig, dass die übrigen Gutsbesitzer mit der gleichen Geldabgabe an Stelle der Scharwerke sich begnügen. Moshamm aber spricht in seinen Schriften wie in seiner akademischen Lehrthätigkeit „prinzipiell" den Frohndiensten überhaupt jede Berechtigung ab, „praktisch" aber dringt er mit grosser Entschiedenheit auf endliche Beseitigung der ungemessenen und auf Ablösung der gemessenen Frohnden durch Geldabgabe. Bezüglich der positiven Mittel zur Förderung der Landwirtschaft werden namentlich die Vorzüge der „Arrondierung" oder — wie der erwähnte Moshamm sagt — der „Vereinödung" entsprechend ins Licht gestellt. Vor allem ist Hazzi auch in dieser Hinsicht der begeisterte Vorkämpfer, der wiederholt in kleinen Schriften, die sich ebenso durch umfassende Sachkenntnis wie durch eine packende populäre Darstellung auszeichnen, für seine Ideen eintritt. Auch arbeitete der 1809 gegründete landwirtschaftliche Verein gerade auf diesem Gebiete erfolgreich an der Aufklärung der Landbevölkerung: war es doch einer der ersten Schritte, mit denen er in die Öffentlichkeit trat, dass er — 1813 — ein grosses Preisausschreiben erliess mit dem Thema: „Welche Mittel und Wege führen am vorteilhaftesten und kürzesten zur Arrondierung aller zerstreuten Besitzungen im Königreiche Bayern?"[1]

So ist es nicht ein grosser Zug, der durch diese Litteratur geht, die sich seit der Wende des Jahrhunderts mit der Bauernfrage befasst: sie trägt den Charakter einer Rezeptensammlung zur Heilung der mannigfaltigen einzelnen Schäden, welch letztere dabei mit eingehendster Sorgfalt studiert werden. Aber gerade dieser hausbackene Ton hat sicherlich all diesen Publikationen den grössten Einfluss auf die Beamtenkreise wie auf die Bevölkerung selbst gesichert.

c) Die Umgestaltung des Beamtentums.

Von ungleich grösserem Einflusse noch auf die thatsächlichen Verhältnisse waren die tiefeinschneidenden Reformen, die um die Wende des Jahrhunderts, seit dem Regierungsantritte Max Josephs, auf dem Gebiete der inneren Staatsverwaltung ihren Anfang nahmen, nachdem es die Regierung Karl Theodors nur zu gutgemeinten aber schwachen Versuchen in dieser Beziehung gebracht hatte.

---

[1] In dem beigegebenen Programme heisst es (nach der Allg. Zeitung vom 11. Febr. 1813): „Wenn man seinen Blick im Königreiche Bayern herumträgt, so begegnen demselben allerdings Beispiele von ganzen Arrondierungen; allein diese Beispiele, welche bei einem vollendeten Zustande des grossen Reiches der Landwirtschaft allenthalben als die Regel eines jeden Besitzes, welcher den Namen eines landwirtschaftlichen ansprechen und verdienen will, sich darstellen sollte, erscheinen nur als seltenere Ausnahmen: — entweder glücklich erhaltene Vermächtnisse der Eltern, oder mühe- und kostenreiche Gestaltungen der neueren Zeit. Dieser Blick auf solche Arrondierungen wird von den reizendsten Bildern eines rege in einander greifenden Betriebes und eines steigenden Wohlstandes der Betriebsamkeit festgehalten; wohingegen er dort, wo die Zerrissenheit haust, von einem widernatürlichen Drucke, einem kleinlichen Gange und einer ärmlichen Frucht des Schlendrians zurückgescheucht wird." Weiterhin ist dann von den Schwierigkeiten die Rede, die sich dabei entgegenstellen, und hier werden besonders jene betont, die „in den mannigfaltigen Verhältnissen der Grundherrschaft und in den erforderlichen Consensen derselben" gelegen sind. Die ausgesetzten Preise für die besten Arbeiten betragen 1000 und 500 fl.

Im ersten Abschnitte dieser Arbeit musste wiederholt darauf hingewiesen werden, wie die mehrfachen Bestrebungen der Churfürsten, in der wirtschaftlichen und sozialen Lage des Bauernstandes Besserung zu schaffen, grossenteils an der persönlichen Beschaffenheit der mittleren und unteren Beamten scheiterten. Ohne jede Rücksicht auf die Frage, ob die Voraussetzungen für eine gedeihliche Verwaltung des Amtes gegeben seien oder nicht, war ein grosser Teil der Beamten geradezu durch Erbschaft — so bildete die Aussicht auf Amtsnachfolge nicht selten die Mitgift der Beamtentochter — und selbst durch Kauf zu Anwartschaften oder sogenannten „Adjunktionen“ gelangt. Der im Amte befindliche Beamte aber war in unsicherer Lage: er war jederzeit der willkürlichen Entlassung ausgesetzt. Hatte doch der Kurfürst Karl Theodor noch im Jahre 1783 ausdrücklich in einem Reskripte erklärt, er glaube wenigstens das nämliche Recht zu haben wie jeder Hofmarchsherr, seine Beamten zu entlassen, ohne einen Grund für die Entlassung angeben zu müssen. Lag nun in dieser Unsicherheit der Stellung die mittelbare Anreizung, das Amt nach Kräften auszubeuten, so war noch dazu die regelmässige Besoldung zum grossen Teil durch ein ausgedehntes Sporteln- und Taxensystem ersetzt, das jede Vereinfachung der Geschäfte und jede Erleichterung der Unterthanen gleichzeitig als finanzielle Beeinträchtigung der mittleren und unteren Beamten erscheinen liess.

In all diesen vier Punkten ward von der neuen Regierung thatkräftig und mit grossem Erfolg eingegriffen.

Schon am 21. Februar 1799 — am 16. Februar war das Mandat betreffend den Regierungsantritt erschienen — richtete der neue Kurfürst einen scharfen Erlass gegen den Missbrauch der Amtsanwartschaften. Das kurze, für jene Zeit sehr bemerkenswerthe Mandat möge hier der Hauptsache nach im Wortlaute folgen: „Seine Churfürstliche Durchlaucht haben gleich bey angetretener Regierung in Höchstdero Chur-Landen den wesentlichen Nachtheil eingesehen, welcher durch die vielfache Adjunctionen und Anwarthschafts-Ertheilungen auf Lehen, in der ganzen Verfassung des Dienstes entstehet, und wie dadurch nicht allein die Stellen in den Familien perpetuiret, sondern auch der höchsten Gewalt die Mittel benommen worden, treue und thätige Diener zu belohnen. Höchstdieselbe glauben sich daher nicht allein berechtigt, sondern auch verpflichtet, alle vorhin verliehene Dienst-Exspektanzen, Beyordnungen, Anwarthschaften auf Lehen, und unter was immer für einen Namen ertheilte Adjunctionen aufzuheben und zu zernichten.“ Und in der Fideikommisspragmatik von 1804 wird es dann geradezu als ein „Haupt-Staats- und Familien-Grundgesetz“ bezeichnet, dass „keinen regierenden Fürsten das Recht zustehe, seinen Nachfolger durch Anwarthschaften, Errichtung neuer erblicher Ämter oder Verleihung der schon bestehenden im Voraus zu binden.“

Gleichzeitig wurden Massregeln ins Auge gefasst und allmählig durchgeführt, die sich auf die dienstliche Qualifikation der angehenden Staatsdiener bezogen. Ebenfalls kurz nach seinem Regierungsantritte schon, am 23. April 1799, erklärte der Kurfürst, er werde niemals die Besorgung des öffentlichen Wohles solchen Subjekten anvertrauen, die nicht die erforderliche Kenntnis und Rechtschaffenheit besitzen, und durch die Verordnungen vom 25. Juni des gleichen Jahres und vom 14. August 1803 wurden die ersten einschneidenden Vorschriften über den Studiengang, die Vorbereitungspraxis und die Staatsprüfungen der Staatsdiener erlassen.

Ebenso wurde bezüglich der Frage der Entlassung von Staatsdienern eine entscheidende Wendung herbeigeführt. Bereits in einem Reskripte vom 28. Dez. 1801 wird die frühere oben angeführte, privatrechtliche Auffassung des Staatsdienstes verworfen und „die Entlassung eines Staatsdieners nach blosser Willkür für ungerecht und für das gemeine Beste höchst nachteilig“ erklärt. Eine Reihe von Verordnungen regelte dann einzelne Rechtsverhältnisse des Staatsdienstes, bis endlich am 1. Jan. 1805 die „Haupt-Landes-Pragmatik über die Dienstverhältnisse der Staatsdiener, vorzüglich in bezug auf ihren Stand und Gehalt“ in Kraft trat, ein Gesetz, das nach dem Ausspruche des berufensten Beurteilers, Max Seydel, eine der grössten Leistungen des Ministeriums Montgelas, und für die Geschichte nicht nur des bayrischen, sondern auch des deutschen Staatsdienerrechtes epochemachend gewesen ist.“

Von besonderer Bedeutung endlich gerade in praktischer Hinsicht war der Missstand, dass die Beamten im Allgemeinen schlecht bezahlt und noch dazu, wenigstens die unteren Gerichtsbeamten, grossenteils auf Einnahmen in Form von Sporteln angewiesen waren, bei deren Einziehung die grössten Unrechtmässigkeiten allmählig zur Gewohnheit geworden waren. Auch in dieser doppelten Hinsicht versuchte die neue Regierung Wandel zu schaffen. In ersterer Beziehung brachte die erwähnte Hauptlandespragmatik eine wesentliche Besserung. Wie aber die Regierung über den zweiten Punkt dachte, zeigt sich deutlich in dem später noch näher zu erwähnenden, vom 5. Okt. 1799 datierten „Pfalzneuburgischen Deputationsabschied“, durch den für das Herzogtum Neuburg unter Anderm bestimmt wurde: „Die jährlichen Gerichtssporteln sollen nach billigem Massstabe ausgemittelt, dieser Betrag von der Staatskasse eingezogen und den Beamten dafür ein bestimmtes hinlängliches Gehalt aus der Staatskasse ausbezahlt werden; die Hofmarchsbeamten aber sollen nach den gleichen Grundsätzen von den Gerichtsherren behandelt werden.“ Die gleiche Anschauung in diesem für die praktischen Verhältnisse äusserst wichtigen Punkte spricht dann auch aus der Verordnung vom 24. März 1802 betreffend die Einrichtung der Landgerichte, in der es unter Anderem heisst: „Alle Beamten, Aktuarien und Schreiber sollen besoldet werden. Wir wollen daher den Beamten allen Bezug der Sporteln und Taxen unter was immer für einem Namen gänzlich verbieten, und wer sich ungeachtet dieses Verbotes aus was immer für einem Scheingrunde Sporteln oder Taxen von einem Amtsgeschäfte zueignen würde, soll ebenso angesehen und bestrafet werden, als wenn er Geschenke von den Parteien angenommen oder die öffentlichen Gelder veruntreuet hätte.“ Und die gleiche Bestimmung wird dann sogar mit den gleichen Worten in einer Verordnung der Würzburger Landesdirektion vom 8. Nov. 1804 betr. die Organisation der Landämter im Fürstentume Würzburg eingeschärft mit dem Zusatze: „Das Schreiberpersonal hat sich des Advocierens gänzlich zu enthalten, und ebensowenig als die Beamten oder das Gerichtsdieners- und Amtsbotenpersonal bei Verlust des Dienstes oder anderer geeigneter

Bestrafung den Unterthanen mit irgend einer Sammlung, Forderung oder Geschenknahme beschwerlich zu fallen."

Nun ist es ja wohl erklärlich, dass bei so tief gewurzelten Übeln nicht mit blossen Verordnungen tiefgehende Änderungen ohne Weiteres herbeigeführt werden konnten, namentlich in den politisch so bewegten Zeiten, in denen sich alle diese Reformen vollziehen mussten. Immerhin aber waren es doch kräftige Schritte zum Bessern, die um so weniger ganz erfolglos bleiben konnten, als sie mit einer umfassenden Thätigkeit Hand in Hand gingen, die auf durchgreifende Änderungen in der ganzen Organisation der Staatsverwaltung überhaupt gerichtet war. Auf diese Neuschöpfungen näher einzugehen, ist hier nicht der richtige Ort. Es mag genügen, in dieser Beziehung auf die bekannte Darstellung bei Seydel in seinem „Bayrischen Staatsrecht" zu verweisen, und nur in Kürze die Hauptpunkte anzudeuten, die für die Gestaltung der bäuerlichen Verhältnisse besonders ins Gewicht fallen mussten.

Es ist hier vor Allem die Beseitigung der Landstände zu erwähnen, deren einer, der Prälatenstand, infolge der Säkularisation von selbst in Wegfall kam. Die beiden andern aber wurden, unmittelbar nach der Erhebung Bayerns zum Königreich, zunächst in ihren Privilegien wesentlich eingeschränkt, und dann, durch königliche Verordnung vom 1. Mai 1808, als selbständige Körperschaften ganz aufgehoben. Hatten die Stände bei allen Fragen, bei denen es sich um Erleichterungen des Bauernstandes oder um Verbesserungen in dessen Besitzrechten handelte, aus gutsherrlichen Sonderinteressen ihren Einfluss nur dazu benutzt, um Schwierigkeiten zu schaffen und durchgreifende Reformen zu hintertreiben, so trat dann an ihre Stelle in Bayern sehr frühe schon — 1818 — eine eigentliche Volksvertretung, in der auch die wirklichen bäuerlichen Interessen zu Worte kommen konnten.

Von grösster Wichtigkeit war dann weiter der Umstand, dass bei all den verschiedenen Verwaltungseinrichtungen, mit denen man es in den beiden ersten Jahrzehnten des Jahrhunderts versuchte, besonders ein grosses Gewicht auf die Berücksichtigung der landwirtschaftlichen Verhältnisse gelegt worden ist. So vor Allem gleich bei der „General-Landes-

Direktion", die im Jahre 1799 als eigentliches Zentralorgan mit fast unbeschränktem Wirkungskreise innerhalb der gesamten innneren Staatsverwaltung (den Ministerialdepartements stand nur die oberste Leitung und Aufsicht zu) geschaffen wurde, und bei der eine besondere „Deputation" für das „Landes-Kulturwesen" [1] vorgesehen war. Und ebenso wurde dann bei den späteren Organisationen der Zentral- wie der Provinzialbehörden den landwirtschaftlichen Verhältnissen besonders Rechnung getragen. Insbesondere war es auch von günstigem Einflusse auf die thatsächlichen Verhältnisse, dass wenigstens in den Mittelinstanzen die Trennung von Justiz und Verwaltung durchgeführt wurde.

Die Zeit von 1799 bis zur Einführung der Verfassung im Jahre 1818 scheidet sich bezüglich der auf die Lage der Landwirtschaft bezüglichen öffentlichen Thätigkeit in zwei ziemlich scharf gesonderte Abschnitte: die Zeit vor und nach der sog. ersten Konstitution von 1807.

Der erste dieser beiden Zeitabschnitte ist gekennzeichnet durch eine ausserordentliche Begeisterung für alle die Bestrebungen, die man in dem Begriffe der „Hebung der Landeskultur" zusammenfasste, durch eine wahre „Kulturwut", wie eine der Hauptpersonen dieser Thätigkeit, Hazzi selbst, sich einmal ausdrückt. Die Zeit nach 1808 aber kann als Zeit der Reaktion gegen diese überschwengliche Begeisterung, bei der es so manchmal an kühler Berücksichtigung aller in Betracht kommenden wirtschaftlichen Faktoren fehlte, bezeichet werden.

---

[1] Als solche „Landes-Kultursachen" werden in der betreffenden Verordnung vom 23. April 1799 aufgeführt: a) Die Trockenlegung der Möser, b) die Verteilung öder Gemeindegründe zur Kultur, c) die Judikatur in allen Streitigkeiten über die Kultur öder Gründe, Zweymädigmachung der Wiesen, Aufhebung der Brache u. dgl., in zweyter und letzter Instanz; d) Beförderung der Zerteilung grosser Höfe, Bemayerung der öden Güter und Zubaugüter; e) die Bewilligung zum Häuserbau und Ansiedlungen; f) die Verbesserung der Zehent-Ordnungen.

I. DIE ENTWICKLUNG VON 1799—1808.

Unter den Regierungsakten des Kurfürsten Max Joseph, die noch in das Jahr seines Regierungsantrittes fallen, findet sich ein Erlass, der in der deutlichsten und erschöpfendsten Weise die Ansichten des neuen Kurfürsten und seiner Regierung über die notwendigen Reformen in den grundherrlich-bäuerlichen Verhältnissen wiedergibt.

Als nämlich die General-Landes-Direktion zu München errichtet ward und dieser durch Instruktion vom 23. April 1799 auch die Neuburgischen Landes-, Polizei-, Staatswirtschafts-, Forst- und Kultursachen zur Bearbeitung zugewiesen wurden, erblickten die Landstände dieses kleinen Herzogtums in dieser Einrichtung eine Zurücksetzung und fürchteten, es könnte die bisherige Selbständigkeit ihres Herzogtums gefährdet sein. Sie schickten daher eine Deputation an den Kurfürsten, der denn auch mit diesen Abgesandten „nach mehreren geheimen Staatskonferenzen“ eine neue, erschöpfende Regelung der neuburgischen Landes- und Regierungsverhältnisse vereinbarte, die dann als „Pfalzneuburgischer Deputationsabschied“ im Amtsblatte veröffentlicht werde.

Darin wird unter Anderem eine binnen Jahresfrist durchzuführende, vollständige Umgestaltung des Steuerwesens festgesetzt, und damit nun die grundherrlichen Abgaben zu dem Grundsatze der Billigkeit, auf dem das neue Steuersystem beruhen soll, nicht im Widerspruche stehen, wird auch eine völlige Neuregelung der grundherrlichen Verhältnisse verabredet, die im Wesentlichen auf folgenden Gesichtspunkte beruht:

1. Die grundherrlichen Abgaben dürfen von dem Grundherrn niemals erhöht werden. Dieselben sind als ein auf dem Grund und Boden liegendes Kapital zu betrachten, wovon die Stiften und Gilten die jährlichen Interessen und die Laudemien u. s. w. die von Zeit zu Zeit eintretenden Kapitalsprovisionen sind; da nun der Grundherr, wenn er nicht zugleich Nutzniesser ist, zur Verbesserung des Grundes niemals etwas beiträgt, also alle Verbesserungen dem Grundholden, welche Gerechtigkeit er auch immer haben mag, zugerechnet

werden müssen, so ist es nur folgerichtig, dass der Grundherr sich immer mit gleich grossen Kapitalsinteressen und Kapitalsprovisionen begnügen muss.

2. Kapitalien dieser Art werden für ablösbar erklärt, aber nur der Grundherr kann sie aufkünden; auf diese Weise kann „der Grundherr sein zurückgenommenes Kapital besser benutzen und der Grundhold kann nach und nach ein landeigner Bauer werden.“ Bei solcher Ablösung wird das Kapital zu 4 Prozent berechnet aus den Interessen. Bei der Umwandlung und Berechnung von Naturalabgaben wird der Mittelpreis der letzten 25 Jahre des nächsten Marktes angenommen. Vorläufig werden die gesamten grundherrlichen Abgaben „nach Wegschaffung aller sich eingeschlichenen Missbräuche“ auf jedes einzelne Grundstück in eine bestimmte jährliche und niemals zu erhöhende Prästation umgelegt.

3. Die Gerichts- und grundherrlichen Scharwerke müssen (ebenfalls „nach vorheriger Abstellung der dabei bisher eingeschlichenen Missbräuche“) in eine nach dem 25jährigen Durchschnittsertrage zu berechnende Geldprästation umgelegt und diese Prästation als Zins eines Kapitals angesehen werden, das jeder Scharwerkpflichtige nach Willkür kündigen und zu 5 Prozent berechnet dem Scharwerksherrn zurückzahlen kann; nur kann bei den grossen Ökonomiegütern die Naturalscharwerk noch 5 Jahre lang in natura verlangt werden, damit „auch die Ökonomien grosser Landgüter nicht durch plötzliche Änderungen in Unordnung gebracht werden“.

4. Es ist ungerecht und drückend, von jeder Gutsverbesserung, wozu man nichts beigetragen hat, gleichfalls den Zehnten zu fordern. Es soll daher die dermalige jährliche Zehentgabe nach 25jährigem Durchschnitt („wenn sich keine auffallenden gesetzwidrigen Missbräuche dabei zeigen“) als Maximum angesehen, dieses als jährliche Geldprästation auf jedes eingelne zehntpflichtige Grundstück umgelegt und als Zins eines Kapitals betrachtet werden, das von dem Pflichtigen nach Belieben aufgekündet und zu 5 Prozent berechnet zurückbezahlt werden kann.[1]

---

[1] Unter dem 7. Okt. richtete der Deputierte des Prälatenstandes die Bitte an den Churfürst, es möge „die Ablösung der Zehnten wenig-

5. Die Gebundenheit der Güter wird aufgehoben („wir hoffen, es wird alsdann eine schickliche Teilung und Arrondierung der Güter, die Aufhebung der Brache und Weidenschaft, die Einführung der Stallfütterung bald freiwillig Eingang finden"), alle Gemeinheiten („Gemeinwaiden, Gemeinmööser, Gemeinwaldungen") sollen sobald nur immer möglich, jedoch immer mit Rücksicht auf den dermaligen Ökonomiestand der Güter, ohne Verletzung der Eigentums- und Nutzungsrechte verteilt werden.

In welchem Umfange von all diesen Bestimmungen des Deputationsabschiedes seitens der Grundherren und der Grundholden im Neuburgischen Gebrauch gemacht worden ist, darüber fehlen mir nähere Abgaben. Jedenfalls aber ist der ganze Erlass insoferne von grosser Bedeutung, als er mit vollster Klarheit den Standpunkt zeigt, den die Regierung diesen Fragen gegenüber einzunehmen entschlossen war. Nur über einen, und zwar gerade den wichtigsten Punkt, schweigt er sich aus: über die wichtige Frage der Überführung der verschiedenen Grundgerechtigkeiten in volles Eigentum. Dieses Schweigen erklärt sich zum Teil aus dem Umstande, dass die Besitzverhältnisse im Herzogtum Neuburg verhältnismässig günstig waren, dann aber vor Allem aus der grossen Schwierigkeit, die staatswirtschaftliche Forderung nach Schaffung eines Bauernstandes mit unbeschränktem Eigentum am Grund und Boden mit dem ebenso erklärlichen Wunsche in Einklang zu bringen, in das Privateigentum, als welches sich die Grundherrlichkeit darstellte, nicht eingreifen zu müssen.

Da war es also nur selbstverständlich, dass auch in dem

---

stens der Willkür jedes Besitzers freigestellt sein"; die Zehnten „machten zum Teil das vorzüglichste Gefälle für den Unterhalt der Geistlichen aus, die Klöster aber durften nach den sog. Amortisationsgesetzen keinen weiteren Grundbesitz erwerben". Darauf verfügte der Churfürst unter dem 11. Oktober, die Ablösung des Zehentkapitals dürfe, wenn der Zehntherr ein Geistlicher sei, nicht ohne dessen Einwilligung geschehen, die Klöster und übrigen geistlichen Corpora aber dürften soviel weitere Gründe und Güter erwerben, als ihnen Zehentkapitalien zurückgezahlt würden.

übrigen Bayern die Regierung sich in erster Linie an diejenigen Reformen machte, bei denen die letztere Frage nicht oder doch nicht in erster Linie in Betracht kam. Und dabei musste sich der Aufmerksamkeit des Kurfürsten und seiner Regierung vor Allem der Überrest von Leibeigenschaft aufdrängen, weniger durch die praktische Bedeutung, als vielmehr weil dieses Institut mit den liberaleren Anschauungen der Zeit im schroffsten Widerspruche stand.

So erging denn auch bereits am 14. Okt. 1799 von der Generallandesdirektion an sämtliche Landgerichte der Auftrag, „über die Verfassung der hie und da bestehenden Leibeigenschaft umständlichen Bericht zu erstatten, da Seine kurfürstliche Durchlaucht gnädigst gesinnt sei, diese Leibeigenschaft nicht nur bei seinen eigenen, sondern auch bei andern Gerichts- und Hofmarchsunterthanen gegen eine billige Ablösungssumme aufheben zu lassen.“ Diesem Auftrage wurde aber zum Teil gar nicht, zum Teil nur unvollständig entsprochen, weshalb derselbe am 15. Jan. 1802, — nachdem inzwischen unter dem 26. Mai 1801 der Kurfürst seinen festen Entschluss nochmals betont hatte, — an die sämtlichen Landgerichte wiederholt wurde, mit der Zusatzbestimmung, dass die Berichte innerhalb 6 Wochen eingesendet sein müssten. Charakteristischer Weise wurde auch jetzt noch von einem grossen Teile der Gerichte dem Auftrage keine Folge geleistet, sodass derselbe unter dem 9. Mai 1803 wiederholt gegeben werden musste; übrigens wurde diesmal der Auftrag, dem spätestens binnen zwei Monaten entsprochen sein sollte, auch auf die ständischen Herrschafts- und Hofmarchsgerichte, sowie an die Klosteradministrationen ausgedehnt. Mit besonderem Nachdrucke wurde dabei auch Aufklärung über die Art der Entstehung und der weiteren Ausbildung des Leibeigenschaftsverhältnisses im einzelnen Falle verlangt, wobei „die Klosteradministrationen, die vorzüglich gute Quellen für die Geschichte der Leibeigenschaft an der Hand haben, auch zu grösseren Erwartungen berechtigen.“ Über die weiteren Erfolge dieser wiederholten Aufträge stand dem Verfasser keinerlei Material zu Gebote; (es wäre eine dankbare Aufgabe, durch Studium der Akten hierüber nähere Aufklärung zu geben;) es scheint nur, dass sich manche Schwierigkeiten dabei ergeben haben; wenigstens verlautet bei dem Erlass der neuen Stempelordnung (vom 1. März 1805), worin der Stempel für Leibeigenschaftsbefreiungen auf 15 Kreuzer herabgesetzt wurde, noch nichts von einer bevorstehenden allgemeinen Änderung.

Erst die Konstitution des Jahres 1808 (vom 1. Mai) brachte die Entscheidung: „Die Leibeigenschaft wird da, wo sie noch besteht, aufgehoben.“ Die näheren Bestimmungen über die Durchführung folgten dann in dem Edikt über die Aufhebung der Leibeigenschaft vom 31. Aug. 1808. Diese Auflösung des Verhältnisses erstreckt sich sowohl auf die rein persönliche, als auch auf jene Leibeigenschaft, die mit dem Besitze eines Gutes verbunden ist. In dem ersteren Falle hören alle Wirkungen der Leibeigenschaft, „sie mögen in Diensten, Abgaben oder in anderen Verbindlichkeiten bestehen, ohne Entschädigung auf“, der Unterthan tritt aus dem bisherigen Unterthänigkeitsverhältnisse gegen seinen Herrn in den freien bürgerlichen Zustand, es erlöscht aller Dienstzwang,[1] die Entrichtung des Leibzinses, der Anspruch des

[1] Über den Dienstzwang war bereits unter dem 28. November 1801 eine Verfügung der General-Landes-Direktion ergangen, deren wesentlicher Inhalt hier wiedergegeben zu werden verdient: Es hat sich unter den Gebrechen, welche sich in dem Gesindewesen ergeben, auch bemerkt, dass von den Jurisdiktions-Obrigkeiten die Kinder ihrer Unterthanen noch immer zu Ehehalten-Diensten gezwungen werden. — Es ist dabei auch nicht entgangen, dass die in dem Cod. civ. p. 4 c. 6 § 2 sich befindende Gesetzesstelle, welche diese „der Landeskultur schädliche Art der Dienstleistung“ bisher noch zugelassen hat, eine „der vorigen Bestimmung zuwiderlaufende Auslegung und Ausdehnung erhalten hat, die zu grossen Missbräuchen Anlass gab und den Unterthanen sehr drückend war. Es wird daher bis zur weiteren Bestimmung verordnet, dass in Fällen, wo der Dienstzwang noch besteht, die Grenze der Polizeiverordnung nicht überschritten, sohin derselbe im Falle der Notwendigkeit nicht anders als um den gewöhnlichen und ortsüblichen Lohn, auch solcher den Unterthanen, welche ihre Kinder zum eignen Hauswesen nötig haben, nicht zugemutet werden soll“. (Regierungs- und Intelligenzblatt, 1801, Seite 821).

Herrn auf die Verlassenschaft, die Abzugsgelder bei der Verheiratung und alle anderen ähnlichen Gebühren, die Standesänderung hängt nicht mehr von der Bewilligung des Herrn ab. In dem zweiten Falle, wenn die Leibeigenschaft mit dem Besitze eines Gutes verbunden ist, so sind die aus dem Leibeigenschaftsverhältnisse entspringenden Verbindlichkeiten von den auf dem Gute sonst haftenden wohl zu unterscheiden. Sind die beiden Arten von Verbindlichkeiten bereits durch Gesetz, Vertrag oder Herkommen ausgeschieden, so werden eben die ersteren derselben ohne Weiteres aufgelöst. Ist aber diese Ausscheidung noch nicht eingetreten, sind vielmehr die Prästationen des Leibeigenen mit dem Besitze des Gutes selbst in unzertrennlicher Verbindung, so wird zwar dem Leibeigenen ebenfalls seine volle Freiheit wiedergegeben, es erlöschen aber nur jene Verbindlichkeiten, die als spezielle Wirkungen der Leibeigenschaft als solcher anzusehen sind (also Leibzins, Abzugsgebühren u. s. w.), die Gesamtheit der übrigen Abgaben nimmt die Natur und den Namen von jährlichen Grundabgaben an, die Dienstleistungen werden als Giltscharwerke beurteilt. Ganz allgemein endlich werden die letzten Reste des Dienstzwanges beseitigt: „da das in verschiedenen Provinzen unseres Reiches noch bestehende Recht oder Herkommen, nach welchem die Unterthanen oder deren Kinder auf gewisse Zeit dem Grund- oder Gerichtsherrn zu dienen angehalten werden, nur eine Art von Leibeigenschaft ist, so soll mit der Leibeigenschaft auch dieser Gesindedienstzwang überall ohne Entschädigung aufgehoben sein.“

Bei dieser Beseitigung der letzten Reste der Leibeigenschaft scheint das Streben des Kurfürsten im Allgemeinen noch auf geringeren Widerstand gestossen zu haben, da eben diese Verhältnisse in Wirklichkeit vielfach bedeutungslos geworden waren. Mehr musste mit diesem Widerstreben gerechnet werden bei denjenigen Punkten, bei denen es sich um Verhältnisse von grösserer wirtschaftlicher Wichtigkeit handelte. Deshalb war man an leitender Stelle vor Allem darauf bedacht, durch solche positive Massregeln, bei denen ein Eingriff in die Besitzverhältnisse nicht in Betracht kam, an der Verbesserung der landwirtschaftlichen Zustände zu arbeiten. Es wurden mächtige Strecken öden Landes kultiviert, wozu man insbesondere fremde Ansiedler ins Land rief. So wird im April 1802 aus München berichtet[1]: „Es werden diesen Frühling und Sommer viele hundert Kolonisten aus den Rheingegenden, besonders Mennonisten, die seit 50 Jahren in den unterpfälzischen Ländern so manchen wüsten Strich Landes in fruchtbare Äcker und Wiesen umgewandelt haben, in Bayern erwartet, um die öden Gegenden dieses Landes anzubauen. Zwischen München und Dachau werden für dieselben bereits viele neue Häuser gebaut, weil sich selbst in der Nähe der Hauptstadt viel hundert Tagwerk eines fruchtbaren, aber unbenützten Bodens befinden.“ Auch scheint das Beispiel dieser Ansiedlungen auf die inländischen Landwirte nicht ohne Wirkung geblieben zu sein. Es wird wenigstens oftmals auf diesen günstigen Einfluss hingewiesen, wie es z. B. in einem Berichte vom Juli 1803 heisst[2]: „Überall scheint es, als ob der bayrischen Nation die Binde stets mehr und mehr von den Augen fiele, die Mönchtum und Druck verschiedener Art seit Jahrhunderten so fest geknüpft hatten. Es ist der bisher schlummernde Geist der Kultur mächtig erwacht und fängt an, die heilsamsten Wirkungen zu äussern. Das von fremden Ansiedlern gegebene Beispiel der verbesserten Kultur wird bereits hin und wieder mit noch besserem Erfolge von bayrischen Bauern, sonst so grossen Feinden solcher Neuerungen, nachgeahmet.“ Um diese Bestrebungen durch Gewährung von möglichster Erleichterung bezüglich der Abgaben weiter zu fördern, wurde — durch Verordnung vom 5. Juni 1801 — die Zehentfreiheit der neu kultivierten Gründe (die seit 1779 auf 10 Jahre festgesetzt war) auf 25 Jahre ausgedehnt. Dabei wurde diese 25jährige Befreiung auch für jene bereits vor Erlass dieser Verordnung neu kultivierten Gründe anerkannt, bei denen der Zehentherr noch nicht in den Besitz des Zehenten gelangt war.

[1] Allgemeine Zeitung, 1802, p. 406.
[2] Allg. Zeitung 1803, p. 776.

So wurde also mit grosser Energie daran gearbeitet, den Umfang des landwirtschaftlich benutzten Grund und Bodens zu erweitern, und durch möglichste Beseitigung gewisser allgemeiner Missstände in der Organisation und Beschaffenheit des Beamtentums die thatsächliche Lage des Bauernstandes zu heben. Mit gleicher Reformlust suchte man auch in den unmittelbar mit dem landwirtschaftlichen Besitzstande zusammenhängenden Verhältnissen einen Fortschritt herbeizuführen, — hier aber allerdings nur insoweit, als nicht ein Umsturz oder auch nur eine durchgreifende Umgestaltung des Systems der Grundherrlichkeit selbst in Frage kam.

Die beiden Hauptpunkte, die hiebei im Vordergrunde standen, waren einerseits die Aufteilung der Gemeindegründe, andrerseits insbesondere die Auflösung der Gebundenheit der Güter, durch die man bessere Bewirtschaftung der einzelnen Besitzungen und namentlich umfassende Zusammenlegung von Grundstücken zu ermöglichen hoffte. Welches Gewicht man in den Regierungskreisen auf diesen letzteren Gesichtspunkt legte, zeigt sich unter Anderem deutlich in der Thatsache, dass in dem pfalzneuburgischen Landtagsabschiede vom 10. Juni 1802 „die gänzliche Auflösung des Hoffusses (d. h. eben der beständigen Gütergebundenheit) geradezu als „das Prinzip aller guten Kultur“ aufgestellt wird.

Erklärlicher Weise war bei den Aufteilungen der Widerstand der grösseren Grundbesitzer am stärksten, da durch die veränderten Weideverhältnisse ihr gesamter Wirtschaftsbetrieb wesentliche Veränderungen erfahren musste. Sie versuchten deshalb alle möglichen Schritte, um durch Prozesse und durch wiederholte Rekurse bei denselben Verzögerungen herbeizuführen. Um hierin Änderung zu schaffen, ging die Regierung in solchen Fällen mit der grössten, irgend zulässigen Strenge vor. So wird z. B. ein Anwalt der Grossgütler (des Dorfes Raisting), der „nach fruchtlosem Rekurse zur höchsten Stelle sogar einen Absprung zum kurfürstlichen Hofrate wagte“, in die Zurückgabe der sämtlichen, seiner Partei dadurch verursachten Taxen und Kosten, sowie in eine Strafe von 6 Reichsthalern verurteilt, — „bei wiederholten Fällen“ aber wird solchen Anwälten sogar Gefängnisstrafe angedroht.[1]

Um aber ein für allemal bei dem Aufteilungsverfahren alle Missbräuche und Weitläuftigkeiten möglichst zu beseitigen, erging unter dem 25. Febr. 1803 in dieser Sache ein Erlass an die sämtlichen Gerichtsstellen, in dem ihnen die Bestimmungen der Prozessordnung eingeschärft, bezw. unter Modifikation derselben das Verfahren genau vorgeschrieben wurde. Darnach soll die Gerichtsstelle, wenn sich jemand zur Kultur meldet, „den Gegenstand innerhalb 14 Tagen unter den Interessenten summarissime instruieren“. Es wird unter Beiziehung sämtlicher Interessenten Augenschein vorgenommen, darüber Protokoll verfasst und sofort auf möglichst kurze Zeit die Hauptverhandlung angesetzt, bei der aus triftigen Gründen eine Terminverlängerung von höchstens 8 Tagen gewährt werden kann; nach der Entscheidung steht den Parteien innerhalb 14 Tagen die Appellation zur 2. und letzten Instanz, der Generallandesdirektion, offen; den Verteilungsmassstab „bestimmen ohnehin ältere Verträge innerhalb der Gemeinde, die Verfahrungsart mit den übrigen Gemeindegütern oder die Gemeindeverhältnisse selbst“, — und — „man bemerkt mit höchstem Wohlgefallen, dass der Massstab jetzt weniger Schwierigkeiten findet, und die meisten Vergleiche ohnehin nach dem gleichen Teilungsmassstabe vor sich gehen, da die Überzeugung zu begründet ist, dass bei irrigen Verhältnissen

[1] „Zugleich wird dieser Vorfall zur Warnung aller Advokaten und Prokuratoren in dem Regierungsblatte bekannt gemacht, weil bei dem so allgemein aufstrebenden Gemeindegründe-Abteilungs- und Kulturgeiste bloss einige wenige derlei Anwälte es sind, die gegen Verfassung und Ordnung über die diesseitigen Verbescheidungen in letzter Instanz auf Kosten ihrer leichtgläubigen Parteien durch allerlei Rekurse neue Vollzugsaufzögerungen erregen, und so dem durch diese allseitigen Kulturen mächtig hervorgehenden Landeswohlstande Hindernisse in den Weg legen wollen. Derlei Rekurse bleiben immer fruchtlos, die höchste Stelle befiehlt ein wie das andere Mal strenge Ahndung gegen solche Rekurrenten, und man wird hierorts immer gegen derlei Anwälte, wie mit gemeldeten verfahren, und bei wiederholten Fällen auch eine Neuthurmsstrafe vorkehren“. Erlass der General-Landes-Direktion vom 9. August 1802, Regierungsblatt Seite 663.

die richterliche Entscheidung ohnehin meist nicht wohl anders ausfallen könnte."

Dieses energische Vorgehen und besonders die Bestimmungen des Erlasses vom 25. Febr. 1803 hatten auch im weitesten Umfange die beabsichtigten Folgen. In einem Erlasse vom 20. Mai d. gl. J. wird dem Magistrate und der Bürgerschaft des Marktes Bogen grosse Anerkennung gespendet, dass man sich bei „dem seit Jahren herumgetriebenen Gegenstande" an die Verordnung vom 25. Febr. gehalten hat und dann im Allgemeinen erwähnt, dass „die Abteilungen und Kulturen so ausserordentliche Fortschritte machen, dass sehr wenig Städte, Flecken und Dörfer mehr sein mögen, die nicht ihre Gemeindswaldungen und -Weidenschaften schon abgeteilt und sich dabei zur Kultur angeschickt haben". In dem gleichen Erlasse werden dann, da „der Kurfürst nach dem Detail darüber unterrichtet sein will", die sämtlichen Stellen aufgefordert, bis zum 8. Juli d. J. detaillierte Berichte einzusenden; später wurde der gleiche Befehl für die Zeit vom 1. Aug. 1803 bis 31. Dez. 1804 gegeben, sodass damit genaue Angaben „über die Fortschritte der Landeskultur" während der ersten 6 Regierungsjahre von Max Joseph IV. gegeben waren. Nach einer aus diesen Anzeigen hergestellten Übersicht[1] waren in der letzteren Zeit 844 Abteilungen von öden oder Gemeindegründen vor sich gegangen; darunter waren 338 Wald- und 506 Weideplätze, die Grösse derselben betrug 121 300 Tagwerke; in der Einleitung zum Aufteilungsverfahren standen 642 solche Distrikte mit 109 174 Tagwerken, und zu gleicher Einleitung bereit waren 894 Distrikte mit 103 426 Tagwerken. Dazu waren von 1799 bis 1803 (1. Aug.) bereits 111 566 Tagwerke öder Gründe aufgeteilt und kultiviert worden,[2] sodass sich für die ganzen 6 Jahre die Summe von 232 866 Tagwerk ergibt, die auf solche Weise für die rationellere landwirtschaftliche Benützung gewonnen wurden.

Dabei achtete man möglichst darauf, dass die abgeteilten Gründe auch wirklich in Kultur genommen wurden. So wurde

---

[1] Münchner Regierungsblatt, 4. Sept. 1805.
[2] Ibid., 1804, 22. Febr.

das Landgericht Straubing unter dem 18. Juli 1803 angewiesen, den Grossgütlern eines Dorfes, dessen Kleingütler sich beschwert hatten, zu eröffnen, — „dass man die schon abgeschiedenen Gründe, welche sie noch beweiden wollen, wie sie sich in der Folge zu deren Kultur und zur Stallfütterung nicht bequemen, unter die Kleingütler und andere, welche sie zur Kultur verlangen, ohne Weiteres verteilen würde.“ Nicht minder energisch endlich trat man dem Brauche entgegen, dass bei diesen Aufteilungen zwischen den Gemeindegliedern Verträge zur Beschränkung des freien Eigentums an den einzelnen abgeteilten Grundstücken eingegangen wurden; besonders häufig wurde die Bedingung vereinbart, dass kein Gemeindeteil an Auswärtige veräussert werden solle, oder wenigstens nur mit Wiedereinlösungsrecht seitens des Verkäufers oder jedes andern „Mitgemeiners“. Dagegen bestimmte nun die Verordnung vom 5. April 1807,[1] dass jeder Anteil als „walzendes Stück mit völlig ungebundenem Eigentum“ zu betrachten sei und deshalb auch an Fremde veräussert werden könne, wobei der Käufer nur entsprechend an den Gemeindelasten teilzunehmen habe; alle diesen freien Verkauf beschränkenden Bestimmungen, besonders diejenigen bezüglich des Wiedereinlösungsrechtes, sind ungiltig; dabei hat die Verordnung, soweit bei stattgefundenen Veräusserungen die Gründe sich noch in der ersten Hand befinden, rückwirkende Kraft.

Die Anschauungen, von denen die Regierung bei der Zertrümmerung von grösseren Höfen ausging, sind am deutlichsten in einem Erlasse vom 6. April 1803[2] zusammengefasst, in dem das höchste Wohlgefallen über die grossen Fortschritte der Gutszertrümmerungen ausgesprochen wird. Hierin werden nun als Gründe für die Zweckmässigkeit der Massregel angeführt: zunächst der Umstand, dass „der Besitzer meist von der Vergantung gerettet wird“, indem er durch Verkauf der einzelnen Grundstücke eine weit grössere Summe erzielt als beim Verkauf im Ganzen; dann der Vorteil, dass „bei der Auflösung kleinere Ökonomien entstehen, und diese

---

[1] Döllinger, Verordnungen-Sammlung XIV, S. 157.
[2] Ib. VI, S. 119.

immer in besserem Zustande sind", während „die zu vielen und zerstreuten Gründe bei einem Gute es von selbst schon teils zu kostbar, teils unmöglich machen, sie mit Nutzen und gut zu bebauen"; endlich — als das Wichtigste — die Thatsache, dass dadurch „das Zusammentauschen oder Zusammenkaufen der Gründe, das Arrondieren, möglich wird", — „wodurch allein sich jede Landwirtschaft von allen Fesseln befreien kann, man die Hälfte an Zeit und Arbeitslohn beinahe gewinnt".

Diesen Anschauungen entsprechend wurden denn auch die Gutszertrümmerungen auf alle mögliche Weise begünstigt. Wiederholt wird darauf aufmerksam gemacht,[1] dass „die Parteien nicht nötig haben, eine Erlaubnis nachzusuchen", dass nur die höchste Bestätigung vorbehalten bleibt, die — ausser bei offenkundigen Missbräuchen — ohne Ausnahme erteilt wird. Insbesondere aber wird darauf gesehen, dass nicht die auf einem Gute lastenden Abgaben oder Dienstleistungen als ein Hindernis solcher Auflösung betrachtet werden[2]; es müssen eben die sämtlichen neuen Besitzer zusammen die bisherigen Leistungen verrichten, dieselben also auf die einzelnen Grundstücke umlegen; natürlich wurde dadurch gleichzeitig der Umwandlung von Naturalleistungen in Geldabgaben wesentlich Vorschub geleistet. Es wird sogar die „Zertrümmerung der Wohngebäude" gestattet[3]; denn wenn auch „dies Zusammenwohnen von Familien oder das Abscheiden der landwirtschaftlichen Gebäude manche Missverhältnisse nach sich zieht", so wird doch in kurzer Zeit bei den neuen Wirtschaften solcher Aufschwung eintreten, dass die neuen Familien auch neue Wohn- und Wirtschaftsgebäude herstellen können. Die Zertrümmerung kann dabei bis auf die kleinsten Teile fortgeführt werden[4]; die „älteren Be-

[1] S. obige Ver. vom 6. April 1803.

[2] So in einem Erlasse der G. L. D. wegen der Scharwerkspflichtigkeit eines Hofes zu Oppertshofen, der zerteilt werden sollte, — 20. Nov. 1801.

[3] S. Erlass vom 14. März 1804.

[4] Erlass an die Landesdirektion zu Neuburg, 28. Dez. 1804.

schränkungen, die teils ein Minimum, teils eine besondere Bemaierung festsetzen", sind „längst durch reinere und aufgeklärtere Grundsätze widerlegt". Eine besonders günstige Gelegenheit bietet sich bei Gutsübernahmen der Kinder,[1] — „wo es nach dem Vorbilde anderer Länder weit zweckmässiger sein dürfte, die verschiedenen Heiratsgüter der mehreren Geschwisterte, so auch die Ausnahmen der Gutsabstecher u. s. w. durch die verhältnismässige Ab- und Zuteilung der Gründe des Hofgutes zu berichtigen, statt dass jetzt so beträchtliche, meist unerschwingliche Bürden der Hinauszahlung von Heiratsgütern u. s. w. auf ein Gut gelegt werden, auch die Hofgebäude können anfangs eine zweckmässige Abteilung erhalten, nach und nach erwacht dann von selbst das wohlthätige Bedürfnis, sich in Mitte der arrondierten Gründe anzubauen."

Erklärlicher Weise boten aber diese Gutsauflösungen auch vielfachen Anlass zu Missbräuchen. Sehr bald schon wurden dieselben als Gelegenheit zu Spekulationen[2] benützt, bei denen alles Andere eher als ein „Landeskulturinteresse" die leitenden Gesichtspunkte gab. Nicht selten wurden auch bei den Auflösungen die auf dem Gute lastenden grund-

---

[1] S. Erl. d. G. L. D. v. 27. Febr. 1805 Reg.-Bl. S. 359.

[2] So wurde schon 1801 ein „Güter-Handlungs-Bureau für Süddeutschland" gegründet, das sich hauptsächlich mit solchen Geschäften befasste — Regierungs- und Intelligenzblatt 1801, Seite 318. Vgl. dann auch die Auslassung in der gleich noch näher zu erwähnenden Verordnung vom 11. Februar 1803, die dann fast wörtlich in der Verordnung vom 6. April des gleichen Jahres wiederholt wurde: „Allein man musste bei diesem edlen Emporstreben auch schon wieder die unangenehme Bemerkung machen, dass nicht immer liberale Grundsätze diese Geschäfte leiten, sondern die Habsucht ihre Klauen schon wieder hineinstreckt und sich einen weiten Spielraum eröffnet; — es kommt vor, dass in mehreren Gerichten Juden gleich ehemaligen Marktschreiern herumziehen und solche Zertrümmerungen von Bauerngütern unter Trinkgelagen und anderen Anlockungen vornehmen. — So wenig man dieser Menschenklasse verbieten will, Kapitalien und Spekulationen auf die Landwirtschaftsverhältnisse zu verwenden, so wenig kann man auch zugestehen, dass derlei Handlungen auf solche Art vor sich gehen, wo eine so verdächtige Aussenseite gezeigt wird.

herrlichen Forderungen willkürlich erhöht,[1] manchmal sogar Gründe, die zuvor schon „ludeigen“ gewesen, bei der Zertrümmerung des grundbaren Hofes in den Grundverband gezogen[2] und nun mit Laudemien u. s. w. belegt.

In allen Fällen, wo derartige Missbräuche nachgewiesen werden konnten, wurde das ganze Verfahren ohne Weiteres annulliert und auf Kosten des schuldigen Teiles von dem Landgerichte neu durchgeführt; auch verfehlt man bei schwereren Missbräuchen nicht, mit entsprechender Strafe vorzugehen. Um überdies ein für allemal ein mustergiltiges Vorbild für alle diese Gutszertrümmerungen aufzustellen, liess der Kurfürst im J. 1803 eine bestimmte Gutsauflösung, die von dem „ohnehin für die bayrische Landeskultur so verdienstvollen Lizentiaten“ Rottmanner, dem Hofmarksverwalter des Grafen Preysing, durchgeführt worden war, in dem Regierungsblatt veröffentlichen.[3] Es handelt sich um einen halben Hof, dessen Besitzer völlig überschuldet waren. Etwas über die Hälfte der Grundstücke wurden davon einzeln verkauft und davon bedeutend mehr gelöst als bisher für die ganze Besitzung geboten worden war; trotzdem verblieb den Besitzern noch ein Viertelshof. Bei dieser Auflösung des Hofes wurde dann sowohl bei dem verbleibenden Viertelsgute wie auch bei den übrigen Gründen „ein freies Erbrecht bezweckt“, der „Naturaldienst“ wurde nach billigem Anschlage und die Laudemien nach den letzten drei Schätzungen in eine beständige Maierschaftsfrist umgewandelt; die sämtlichen Abgaben wurden auf die einzelnen Grundstücke nach ihrer Grösse umgelegt, und bei dem ganzen Verfahren durch möglichste Vereinfachung die Kosten auf ein sehr unbedeutendes Mass reduziert. „Nur unter diesem Vorbilde“, heisst es am Schlusse des Erlasses, — „werden alle Zwecke erreicht; wenigstens soll allezeit auf fixierte Laudemien oder Maierschaftsfristen, und auf Umlage der Abgaben, also auch der grundherrlichen Dienste in der

[1] Erlass vom 15. März 1805.
[2] Ibidem.
[3] Reg.-Blatt, 1803, 11. Febr.

Natur oder an Geld auf die Gründe in Bezug auf den Flächeninhalt das Augenmerk genommen werden".

Ganz besonders wurde dabei endlich darauf hingewirkt, dass bei diesen Zertrümmerungen auf das Entstehen von wohl abgerundeten Anwesen geachtet würde. Mit Ermahnungen und öffentlichen Anerkennungen [1] suchte man die Zahl dieser Arrondierungen zu mehren, man verbot energisch alle Missbräuche, insbesondere die Einziehung von Laudemien [2], man gestattet sogar, die Gerichtsbarkeit [3] der verschiedenen Gründe zu tauschen.

Bei solcher Thätigkeit ist es denn nicht zu verwundern, dass diese Zertrümmerungen und Zusammenlegungen in grosser Zahl ausgeführt wurden. Nach der oben zitirten Statistik [4] betrug die Zahl der ersteren von 1799 bis 1804 — 872 (379 vor, 493 nach dem 1. Aug. 1803), die der letzteren aber 753 (113 vor, 640 nach obigem Datum!) Und dabei heisst es in einem Berichte [5] über diese Statistik, dass für die nächsten Jahre noch viel mehr zu erwarten sei, da „diese Kultur, dies Güterzertrümmern und Arrondiren und Ansiedeln so allgemein an der Tagesordnung ist".

Dass übrigens die Regierung trotz der grossen Begeisterung für diese Güterteilungen und Arrondierungen die Gefahr einer zuweitgehenden Zerstückelung des Grundbesitzes nicht ganz verkannte, zeigt die folgende Äusserung von Hazzi, der gewiss zu den Eifrigsten auch auf diesem Gebiete gehörte: „So notwendig und vorteilhaft die Ungebundenheit des Hoffusses ist, so nachteilig und verderblich kann der Missbrauch der Güterzertrümmerung werden. Arrondierungsfreiheit, Güterdismembrationsfreiheit unter gesetzlicher Bestimmung des Minimum, welche in der behaglichen Ernährungsfähigkeit eine Grenze hat, Aggregation der Güter, inwiefern sie durch Selbstthätigkeit und Absicht bewirtschaftet

1 Erl. der Landesdirektion zu München vom 11. März 1805, Reg.-Bl. S. 418.

2 Ibid.

3 Erl. vom 30. Juli 1806.

4 Münch. Reg. Bl. vom 22. Febr. 1804 und 4. Sept. 1805.

5 Allg. Zeitung, 1805, p. 1015.

werden können, Leerhäuseln für die nötigen Landprofessionisten vertragen sich vollkommen mit der bürgerlichen Freiheit, und mit dem Staatsinteresse; aber Zerstückelung der Hofgüter in unbehülfliche Parzellen, Anhäufung der Leerhäuseln für Taglöhner, Krämer und anderes faule Gesindel, Vernachlässigung der Verhältnisse oder der Zerteilung des Holzlandes, sind und bleiben staatsverderbliche Populationsmehrung, Vermehrung des liederlichen Gesindels, der Gefahr und der Frevel." [1].

Neben dieser lebhaften, auf einzelne praktische Gesichtspunkte gerichteten Reformthätigkeit trat die Anschauung, dass eine wirklich tiefgehende Verbesserung nur von einer grundsätzlichen Umänderung in den Eigentumsverhältnissen, von der Beseitigung der ganzen Grundherrlichkeit zu erwarten sei, und das Verlangen nach Aufhebung des Verhältnisses der Grundherrlichkeit immer stärker hervor. An eine derartige einschneidende Reform im grossen Stil aber wagte die Regierung damals noch nicht zu denken. Gerade die reformlustigsten Persönlichkeiten in den massgebenden Kreisen waren genug mit den praktischen Verhältnissen vertraut, um einzusehen, dass eine solche Reform die Umwälzung des gesamten landwirtschaftlichen Betriebes nach sich ziehen müsste und daher nur in langsamer Vorbereitung sich vollziehen könne, andererseits aber hatte auch die Anschauung von der Unzulässigkeit eines derartigen „Rechtsbruches" entschieden die Oberhand. Man wird kaum fehlgehen in der Annahme, dass in dieser Beziehung die Anschauungen der Regierung im Wesentlichen mit der Ansicht übereinstimmten, die in einer im Jahre 1800 veröffentlichten, in denkbar regierungsfreundlichstem Sinne geschriebenen Broschüre [2] niedergelegt ist. In dieser Broschüre wird die Notwendigkeit von Reformen lebhaft anerkannt, die „landschaftlichen Repräsentanten" werden als

---

[1] J. Hazzi, Die echten Ansichten der Waldungen und Förste, München, 1805, Seite 291.

[2] Zwey wichtige Briefe von einem bayerischen Landbewohner an seinen Freund in München, über den Krieg und dessen Folgen in Bayern.

„Fechter für ihre Freiheit und für ihre Privilegien“ gebrandmarkt, die „nur äusserst selten das Wohl des gemeinen Landes verteidigen, von dem sie sich bisher reichliche Besoldungen unter sich teilten und ihre subalternen gemächlichen Kreaturen mit Besoldungen bereicherten“, und dann heisst es: „Es wird aber nicht unausweichlich notwendig sein, um eine neue gute Constitution zu entwerfen, das Eigentum anzugreifen. — Das Grundeigentum denen Grundherrn wegzunehmen oder selbe zum Verkaufe zu nötigen, ist eine Gewaltthat, dem Privateigentum zugefügt, verteidigt sich durch keinen Rechtsgrund, und ist keine absolute Notwendigkeit zum Glücke der Unterthanen und zum Wohlstande des Landes. Aber alle Leib-, Frei- und Neustift-Gerechtigkeit aufheben, allen diesen eigennützigen und der Landeskultur und der Bevölkerung schädlichen Abarten das einzige Erbrecht unterstellen, ist eine wohlthätige Verfügung, nur muss bei dieser Erbpacht durch ein bestimmtes Gesetz der schändlichen Beutelschneiderei der Hofmarksverwalter Grenze gesetzt werden. Durch diese einförmige Erbgerechtigkeits-Einführung wird die grosse Lieblingsidee der Grundeigenthums-Herstellung, nur in einer mit den Grundsätzen der Gerechtigkeit abgeglichenen modifizierten Gestalt realisirt“. An anderer Stelle: „Ich finde es nicht rätlich, den Ständen die Gerichtsbarkeit wegzunehmen“ und dann: „Ferner finde ich keinen Grund, die Zehenden aufzuheben, wohl aber das Zehendgesetz einfacher und ohne Widerspruch zu entwerfen. Das Zehendrecht hat verschiedene ursprüngliche Rechtstitel; man kann es ohne grosse Ungerechtigkeit nicht allgemein angreifen.“ Dagegen muss die Scharwerk zu einer mehr dem Geiste der Zeit entsprechenden Auflösung gebracht werden; „ungemessene Lasten“ vollends auf einen Menschen zu legen, ist „die abscheulichste Missgeburt der Sklaverei“.

Diese Auffassung spiegelt sich auch in den verschiedensten der oft sehr redselig gehaltenen Verordnungen aus dem Anfange des Jahrhunderts deutlich wieder. Theoretisch ist die Regierung vollkommen überzeugt, dass „das Eigentum insbesondere eine der vollkommensten Bedingungen der unternehmenden und belohnenden Kulturfortschreitungen“ ist, wie es in einer Verordnung vom 26. Juni 1803 heisst, praktisch ist man aber schon sehr zufrieden, wenn wenigstens die Verleihung auf Erbrecht in grösserem Umfange platzgreift.

Die Einwirkung, die seitens der Regierung in diesem Sinne ausgeübt werden konnte, war natürlich von Grund aus verschieden, je nachdem es sich um private, oder aber um churfürstliche beziehungsweise — nach 1806 — um königliche Grundholden handelte.

Bei den ersteren musste man sich darauf beschränken, entweder das gute Beispiel, mit dem der Kurfürst bei seinen eigenen Grundunterthanen voranging, auf die Grundherrn wirken zu lassen, wofür diese aber nicht allzu empfänglich waren, oder bei bestimmten Gelegenheiten einen gewissen indirekten Zwang gegen sie auszuüben. Letzteres war in der Weise möglich, dass nach der mehrerwähnten Verordnung vom 11. Februar 1803 bei Zertrümmerung von Gütern verlangt wurde, dass die einzelnen Teile nur gegen Erbrecht (oder natürlich als volles Eigentum) zur Verleihung kommen, die Abgaben und Leistungen aber fixirt und wo möglich in eine feste Geldabgabe umgewandelt werden sollten.[1] Wie sehr namentlich diese Umwandlung der Dienste und Abgaben von der Regierung betont wurde, scheint unter Anderem besonders aus einer von dem ständischen Ausschusse im Jahre 1801 an den Kurfürsten erstatteten Anzeige hervorzugehen, wonach die ständischen Unterthanen an verschiedenen Orten „aus einer irrig verbreiteten Meinung, dass die Scharwerke bereits aufgehoben seien", ihren Gerichts- und Gutsherrn die grundherrlichen Abgaben verweigerten.[2]

Der einzige unmittelbare Eingriff in die gutsherrlichen Verhältnisse bestand darin, dass man wenigstens den offenkundigen Missbräuchen, die sich in der gutsherrlichen Ge-

[1] Man vergleiche dazu auch eine Verfügung an die Landesdirektion zu Amberg vom 22. Oktober 1807, die Zertrümmerung der Landsassengüter betreffend, worin es heisst: Wir gedenken den Landsassen, „solange die Bestimmung, dass dergleichen Veräusserungen nur auf freies Eigentum geschehen sollen, die Zertrümmerung selbst seltener machen dürfte", die Vergleichung auf Erbrecht nicht zu erschweren.

[2] Verordnung vom 24. Oktober 1801.

richtsbarkeit immer mehr breit machten, entgegenzutreten versuchte. Zu diesem Zwecke wurde in der Verordnung vom 6. Juni 1807 (die in einzelnen Punkten durch die Verordnung vom 7. Nov. 1807 erläutert und näher bestimmt wurde) angeordnet, dass diese Gerichtsbarkeit nur „von einem Richter ausgeübt werden darf, der von der einschlägigen Landesstelle dazu tauglich erkannt ist“. Will der Gutsherr selbst dieselbe ausüben, so muss er sich einer Prüfung unterwerfen oder eine Bestätigung des Landgerichtes erbringen, dass seine Thätigkeit niemals Anlass zu einer Klage gegeben. Dazu muss dem Gerichtshalter eine „ordentliche Bestallung, die zum verhältnismässigen Unterhalt des Gerichtshalters hinreichend ist“, gesichert sein. Derselbe kann, — „um die erforderliche Unabhängigkeit zur unparteiischen Rechtspflege zu besitzen“, nur nach vorangegangener Untersuchung und nur kraft eines richterlichen Erkenntnisses seiner Stelle entsetzt werden. Mischt sich der Gerichtsherr selbst, solange die Verwaltung des Gerichtshalters besteht, irgendwie in die Rechtspflege, so ist jede solche Gerichtshandlung ungiltig und zieht dem Gerichtsherrn selbst eine angemessene Strafe zu. Der Wohnsitz des Gerichtshalters darf endlich nicht über 3 Meilen von den Gerichtsholden entfernt sein.

Anders lag die Sache bei den eigenen Grundunterthanen des Kurfürsten, bei diesen hing es allein von seinem Willen ab, seine und seiner Regierung Ideen zu verwirklichen. Hier war, wie im ersten Teile dieser Schrift ausgeführt worden ist, der erste entscheidende Schritt mit dem Mandate Karl Theodors vom 3. Mai 1779 geschehen,[1] das mit der Festsetzung der ewigen Maierschaftsfristen den schweren Misstand beseitigte, dass dem Grundholden gleich bei Übernahme des Gutes das zum Betriebe nötige Kapital unter den verschiedensten Titeln abgenommen wurde. Der nächste, sehr anzuerkennende Versuch, den Grund zu einem in wirklichem Eigentum befindlichen mittleren und kleineren Bauernstande

---

[2] S. oben S. 71 ff.

zu schaffen, wurde bei der Säkularisation im Jahre 1803 gemacht. Es wurde nämlich von dem Kurfürsten angeordnet,[1] „sowohl die durch die Säkularisation angefallenen landwirtschaftlichen Güter, als auch die Schwaigen und Grundstücke der aufgehobenen Klöster, welche aus echten Staatsgrundsätzen weder zur Selbstadministration noch zur Verpachtung geeignet sein könnten, blos mit Vorbehalt einer fortdauernden Staatsrente unter dem Namen eines Census zu verlassen“. Diese Masregel wurde aber auch auf die „Unterthansgüter“ dieser Klöster ausgedehnt, von denen, wie es in dem betr. Reskripte heisst, „die meisten freistift- oder leibrechtbar“ waren. Es wurde von dem Kurfürsten beschlossen, „allen Grundunterthanen der aufgehobenen ständischen Klöster in Bayern die Ablösung des Eigentums von nun an binnen einem Jahr dergestalt gnädigst zu gestatten, dass jedoch die bisher auf jedem Gute haftenden Zinsen, Gilten und anderen bestimmten jährlichen Geld- und Naturaldienste unter der veränderten Benennung eines Bodenzinses oder Census ferner verabreicht werden sollen“. „Dass dabei für den Entgang der Leibgelder, Laudemien und Taxen für das Dominium directum und die damit verbundenen Rechte eine Kapitalablösung eintreten muss, erfordert das Interesse des Staates, welcher nicht nur für die Entbehrung dieser Gefälle bei den auf dem Klostervermögen haftenden grossen Bürden billig gedeckt sein muss, sondern auch einen Fond haben muss, noch andere Anstalten zum Besten der Unterthanen auszuführen.“ Es wurde aber bei der Ablösungssumme eine solche Mässigung und solche Zahlungsart (4 gleiche Jahresfristen) zugelassen, dass gewiss jeder Unterthan an dieser Wohlthat teilnehmen könne; es solle bezüglich der Höhe ausser auf den Hoffuss auf die letzten 3 Schätzungen Rücksicht genommen und dann „bei näherer Durchgehung der individuellen Verhältnisse“ bestimmt werden, „bei welchen Unterthanen billiger Weise mehr gefordert und bei welchen weniger angenommen werden kann“. Dabei bleibt „blos zur Sicherstellung der höchsten Gerechtsame bis zur gänzlichen

[1] Erlass vom 21. Juni 1803.

Abführung aller 4 Fristen, jedoch nur für den Betrag des allenfallsigen Ausstandes das Dominium noch vorbehalten.“

Nach dem, was wir oben über die Stellung der Regierung zum gesamten Verhältnisse der Grundherrlichkeit ausgeführt haben, darf es uns nicht wundern, wenn das Jahr 1808, das sonst für die Gestaltung der bayrischen Staatsverhältnisse so bedeutungsvoll wurde, auf dem hier behandelten Gebiete so gut wie nichts, jedenfalls keine irgend einschneidenden Reformen gebracht hat.

Die ganze Bedeutung dieses Jahres für die Entwickelung der Agrarverhältnisse konzentrirt sich in den beiden organischen Edikten vom 28. Juli und vom 8. September, betreffend die gutsherrlichen Rechte und die Patrimonialgerichtsbarkeit.

In dem organischen Edikt vom 28. Juli 1807 wird zunächst die Ausübung der Polizeigewalt seitens der Gutsherrn mehrfachen Beschränkungen unterworfen; insbesondere wird ein weitgehendes Genehmigungs- und Aufsichtsrecht des Staates festgesetzt. Bezüglich des geteilten Eigentums soll es bei den grundherrlichen Verträgen nach den am Orte, wo die Güter liegen, vor dem 1. Jan. 1809 geltenden Gewohnheiten und Gesetzen sein Bewenden haben, jedoch werden alle in den grundherrlichen Verträgen konstituierten ständigen und nicht ständigen Renten und Bürden für ablösbar erklärt; die Vereinbarung hierüber bleibt aber der freien Unterhandlung der Beteiligten überlassen (§ 73). In Veränderungsfällen darf ohne Rücksicht auf die Zahl der Teilhaber nicht mehr als ein doppeltes Laudemium (§ 74) berechnet, dasselbe nicht erhöht und, wo es nicht hergebracht ist, auch nicht mehr eingeführt werden (§ 76); dabei bezahlt die Kosten der Schätzung derjenige, der sie verlangt (§ 78). Bezüglich der auf geteiltem oder auf fremdem Eigentum ausgeübten gutsherrlichen Rechte sollen die ungemessenen Scharwerke (86—88) durchgehends in gemessene Dienste und diese in eine Geldabgabe verwandelt werden, die Zehnten (§ 89) und Bodenzinse (§ 91) aber werden ebenso wie andere grundherrliche Rechte dem Loskaufe unterworfen.

Das organische Edikt vom 8. Sept. 1808 über die Patrimonialgerichtsbarkeit stützt sich, was die Eigenschaften der Gerichtspersonen betrifft, auf die bereits erwähnten Verordnungen vom 6. Juni resp. 7. Nov. 1807 [1]; es ist nur die weitere Bestimmung eingefügt, dass die gutsherrlichen Richter genau die nämlichen Eigenschaften nachzuweisen haben wie die Landrichter (§ 33). Von grösserer Bedeutung waren die Beschränkungen, die bezüglich des räumlichen Umfanges und der Wirksamkeit festgesetzt werden. Es müssen fortan „geschlossene oder zusammenhängende Bezirke" (Tit. I. §§ 1 u. 2) sein (es darf keine fremde Gerichtsgewalt darin sein oder es muss Verbindung des Gerichtssitzes mit allen Hintersassen bestehen), wobei die entferntesten „Gerichtsgesessenen" nicht über 4 Stunden von dem Gerichtssitze entfernt sein dürfen (§ 4). Der Gerichtsbezirk muss mindestens 50 Familien umfassen (§ 3); sobald die Zahl der Familien unter 50 sinkt, erlischt die Gerichtsherrlichkeit (Tit. IV § 40). Um einen geschlossenen Gerichtsbezirk zu bilden, kann der Gerichtsherr einzelne Gerichtsteile vertauschen (Tit. I. § 8) oder fremde durch Kauf an sich bringen (Ib. § 9), wobei aber „vom Staate die Gerichtsbarkeit durch Kauf weder über eine noch mehrere Familien erworben werden kann" (Ib. § 10). Die Bildung der Bezirke muss bis zum 1. Okt. 1809 vollzogen sein (Ib. § 13). Der Wirkungskreis der Gerichte wird beschränkt auf die nicht streitige Gerichtsbarkeit in ihrem ganzen Umfange (Tit. II. § 16), auf die Beitreibung der nicht bestrittenen Gerichts- und Grundgefälle (Ib. § 20), sowie auf die Apprehension und (höchstens 48-ständige) Detention der Schuldigen bei Kriminalfällen (Ib. § 23); in jedem Bezirke müssen die sämtlichen Strafprotokolle alle 3 Monate an das Generalkreiskommissariat eingesendet werden (Ib. § 30).

Wir stehen am Ende dieser ersten Periode der bayerischen Agrarentwickelung in unserem Jahrhunderte. Sie kennzeichnet

[1] Tit. III. Bestellung der P. G. § 33—39.

sich durch eine in den leitenden Kreisen stets wachsende Erkenntnis der Notwendigkeit der Agrarreformen. Obgleich man aber nicht verkennt, dass die Wurzel aller Missstände thatsächlich in dem Verhältnis der Grundherrlichkeit liege, scheut man — wie übrigens noch lange Jahrzehnte hindurch vor dem entscheidenden Bruche mit der Vergangenheit zurück. Man beschränkt sich darauf, in den einzelnen Punkten, soweit es ohne Umsturz des grundherrlichen Systems selbst möglich ist, fördernd und reformirend einzugreifen. In dieser Beziehung aber sehen wir eine geradezu staunenswerte Thätigkeit entwickeln, die wir nicht besser kennzeichnen können als mit den Worten, mit denen sich eine der Hauptpersönlichkeiten dieser Epoche selbst, der mehrerwähnte Generallandesdirektionsrat Hazzi, in einer Festrede bei dem 25jährigen Jubiläum des landwirtschaftlichen Vereins darüber aussprach:[1]

„Mit dieser Epoche erschien gleichsam eine neue Periode für Bayern und die wohlthätigste Wirkung zeigte sich bald davon. Es wurden die Angelegenheiten der Landeskultur ebenso warm als mit Sachkenntnis aufgefasst und mit unermüdeter Thätigkeit vorangebracht. Auf Grund der bessern Artikel der Generalmandate und Leopold's Vorbild in Toskana zur Lösung der Fesseln der Landwirtschaft ward das neue System gebaut. Eine Menge solch neuer Verordnungen trat bald ins Leben, auf die Abteilung aller öden und Gemeindegründe, dann Gemeindewaldungen zielend. Frei ward dem Landwirt der Betrieb seiner Wirtschaft eröffnet, und das von dem vorigen Zustande der Barbarei noch übrige Weide- und Hirtenwesen verbannt, sohin der rationellen Landwirtschaft der Eingang überall geöffnet. — Mit dem grösstenteils bezweckten Brachanbau in mehreren Gegenden,[2] dann sonach eingeführter Stallfütterung verschwanden meistens die so lästigen und kostspieligen Zäune, und die Fallthore, die

[1] Denkschrift „Die Landwirtschaft in Bayern, Seite 167.

[2] Nach der schon erwähnten Statistik von 1804 u. 1805 wurden von 1799 — 1. Aug. 1803 — 9142, und dann bis 31. Dez. 1804 — 38761, zusammen 47903 Tagwerke Brache bebaut.

alle Strassen verpallisadierten, waren auf einmal wie vom Donner niedergeschmettert. Aus kümmerlichen einmähdigen Wiesen gingen 2- und 3 mähdige mit Wässerung bald hervor.[1] Eine Menge überflüssiger Waldungen verwandelte sich in schöne Fluren, Hopfen- und Obstgärten. Viele der zu grossen Bauernhöfe zertrümmerten sich. Die sog. Klein- und Leerhäusler wurden durch den neuen Besitz von den gleichheitlich abgeteilten Gemeindegründen auf freies Eigentum und 25jährige Zehentfreiheit selbst Landwirte und thaten es bald den grossen Bauern an Bearbeitung des Bodens und Behandlung des Viehs zuvor. Eine Menge neuer Häuser waren bald in allen Gegenden zu schauen und damit eine neue Bevölkerung. Der Unterricht im Landbau ward dadurch vorbereitet, dass jeder Schule im Lande ein Teil von den abgeteilten Gemeindegründen zugewiesen werden musste. — Eine wahre Kulturwut, wie man es auch damals nannte, ergriff alle Gemüter, und so sehr auch Vorurteil, Justizbehörden und die damaligen Stände dagegen ankämpften, so konnte doch nichts der hohen Thätigkeit und Vollzugskraft jener Deputation widerstehen, da Kurfürst Maximilian und sein Ministerium die Deputation und ihren Kulturreferenten mit aller Macht stets schützten."

II. DIE ENTWICKLUNG VON 1808—1818.

Wenn der Anfang des Jahrhunderts durch die im vorigen Abschnitte geschilderten umfassenden Bestrebungen für Agrarreformen im Einzelnen ausgezeichnet war, so bedeutet die Zeit von 1808 bis zur Verfassung einen Einhalt, um nicht zu sagen einen starken Rückgang in dieser Reformlust, ohne dass etwa bezüglich der Agrarreform grossen Stils, Umgestaltung oder Beseitigung der Grundherrlichkeit, ein Fortschritt zu verzeichnen wäre.

---

[1] Nach der gl. Quelle: 1799—1. Aug. 1803 — 11236, 1. Aug. 1803—31. Dez. 1804 — 9994, zusammen: 21230 Tagwerk.

Diese Erscheinung erklärt sich zunächst aus gewissen Missverhältnissen, die sich in der Gesetzgebung und Verwaltung herausbildeten. War schon unter Karl Theodor über das Chaos von Verordnungen geklagt worden, in denen sich die Bestimmungen über die landwirtschaftlichen Verhältnisse verloren, so war es damit im ersten Jahrzehnt der Regierung Max Josephs nicht besser, eher noch schlimmer geworden.[1] In der Verwaltung aber machte sich in hervorragender Weise gerade auf dem landwirtschaftlichen Gebiete der Nachteil geltend, der sich bald als Schattenseite der sonst so wohlthätigen und notwendigen Reorganisation des Beamtentums herausbildete: Das von den damaligen Publizisten vielfach beklagte „Vielregieren" liess die Verhältnisse nie zur Ruhe kommen,[2] die weitgehende Selbstständigkeit der einzelnen Beamten aber, auch bei den mittleren und unteren Behörden, führte nur zu leicht zur Einseitigkeit; letzteres um so mehr, als zum Zwecke der „Amalgamierung" der verschiedenen neuvereinten Landesteile ein ungemein starker Wechsel in den Beamtenstellen stattfand, sodass den Beamten die Erwerbung der nötigen Lokal- und Personalkenntnisse vielfach erschwert und unmöglich war. Es begann eben neben der thatsächlich eingetretenen Hebung des Beamtenstandes auch die Blüte der „bureaukratischen" Auswüchse. Und gerade damit hing es

[1] So waren besonders von den Entscheidungen und Verfügungen der Generallandesdirektion viele, teils mit teils ohne ausdrückliche landesherrliche Sanktion, zu allgemeiner Norm geworden und wurden allgemein befolgt, andere wurden ausdrücklich von der höchsten Stelle aufgehoben, teilweise mit der verweisenden Erklärung, dass die Generallandesdirektion die Grenzen einer vollziehenden Stelle überschritten und sich eine gesetzgebende Gewalt angemasst habe. Closen, in seiner „kritischen Zusammenstellung der bayerischen Landes-Kultur-Gesetze, München 1818", spricht einmal von der „durchgreifend angefangenen, von vielen Seiten angegriffenen, zum Teil wirklich abgeänderten, fragmentarischen Gesetzgebung" (Seite 56).

[2] In einer Broschüre „Licht und Schatten, über Bayerns Staatsverwaltung unter Max I. und dem Staatsminister Grafen von Montgelas" von Theodor Gaele (Leipzig 1816) wird einmal das Bild gebraucht: „Der Staat ist gleichsam ein Marionettentheater, das durch einen einzigen Zug des Prinzipals geleitet werden muss".

vielfach zusammen, dass viele der ergriffenen Massregeln im Prinzip zwar wohl gerechtfertigt waren, dass sie aber in der Praxis ohne genügende Berücksichtigung der thatsächlichen wirtschaftlichen Verhältnisse des Einzelfalles durchgeführt wurden, sodass unzweckmässige Kulturen und Störungen des wirtschaftlichen Betriebes viele Klagen bei allen Grundbesitzern hervorriefen.

Zuerst und am stärksten musste sich das Gefühl, dass man, — vom besten Willen geleitet — durch die Nichtberücksichtigung der Gesamtverhältnisse der Einzelwirtschaft wie der Dorfgemeinde manchen Missgriff begangen, bei den Aufteilungen und bei den Gutszertrümmerungen geltend machen. Es musste ja, bei der völlig gleichheitlichen Verteilung der Gemeindegründe,[1] dieser Zuwachs an Grund und Boden bei den einzelnen Wirtschaften die verschiedenartigste Wirkung üben, besonders für die Viehzucht bei den grösseren Grundbesitzern. Bei den Zertrümmerungen andererseits wurde allerdings manche Familie von der drückenden Schuldenlast befreit, war dann aber bei der zu weit gehenden Zerstückelung doch nicht mehr in der Lage, überhaupt einen selbstständigen Wirtschaftsbetrieb weiterzuführen.

So wurde denn, während nach den Anordnungen vom 25. Febr. 1803 bei dem kundgegebenen Verlangen nach Aufteilungen das Verfahren möglichst beschleunigt werden musste, durch eine Verordnung vom 11. Mai 1814 die Bestimmung getroffen, dass künftig „jeder Aufteilung öder Gründe das Gutachten sachverständiger Ökonomen vorausgehen solle". Es sollen in jedem einzelnen Falle 3 resp. 5[2] wirkliche Güterbesitzer, die selbst Feldbau treiben, aber nicht der Gemeinde selbst angehören, ihr Urteil abgeben, ob nicht „dem Viehstand und der Viehzucht der ganzen Gemeinde, und besonders der grossbegüterten Teilnehmer ein bedeutender Schaden zu-

---

[1] Wie sie namentlich der mehrgenannte Hazzi in seinem 1804 veröffentlichten „Kultur-Kalender" eifrig verlangt hatte.

[2] 3 bei Parzial-, 5 bei Totalteilungen der Gemeindegründe.

gefügt würde". Unterbleiben darf das Gutachten nur dann, wenn alle Teilnehmer oder wenn 2/3 der Grossbegüterten die Teilung verlangen. Dabei werden aber die Kosten des Augenscheins und des gesamten Verfahrens auf die Teilnehmer nach dem Massstabe ihrer Teilnehmerrechte umgelegt. Lautete nun das Gutachten gegen die Zulässigkeit der Teilung, so konnten die Kulturlustigen erst „nach Verfluss von 6 Jahren ihren Antrag erneuern; wenn sie dann nachweisen können, dass sich „die Verhältnisse zu Gunsten der Teilung erheblich geändert haben", so ist die ganze Untersuchung von Neuem vorzunehmen, aber mit andern Sachverständigen. Im Allgemeinen aber wird nunmehr bei den Aufteilungen immer die Forderung betont, für die Beförderung der Kultur zu wirken, aber nur mit gleichzeitiger Rücksicht auf die „Erhaltung und Beförderung der Viehzucht",[1] und mit „erforderlicher Rücksicht auf die gemeindlichen Bedürfnisse"[2] im Allgemeinen.

Bei den Gutszertrümmerungen tritt mehr und mehr die Spekulation in den Vordergrund, ohne dass die Rücksicht auf die weitere Gestaltung der einzelnen Wirtschaften genügend zur Geltung kam; gleichzeitig machte sich schon langsam das Gefühl geltend, dass Bayern überhaupt nicht so viele grosse oder zu grosse Güter besitze, als man bisher angenommen — (eine Thatsache, die dann von Rudhart in seiner erwähnten Schrift über den Zustand Bayerns 1825 zuerst klar betont wurde). So konnte denn — natürlich in vollster Übereinstimmung mit dem Ministerium — die Regierung des Rezat-

---

[1] Vgl. Ver. vom 11. Mai 1814 a. E.

[2] Vgl. Verordnung vom 9. Februar 1811 a. E. (Döllinger, Verordnungen-Sammlung XIV, S. 158). Hier mag übrigens auf die Ausführungen von Reingruber, a. a. O. I, 165 ff. hingewiesen werden, der hier den überschwänglichen Ansichten Hazzis entgegentritt, und dabei besonders den Ausspruch von Thaer verwertet, auf den ihn „der würdige Veteran der bayrischen Landwirtschaft, Dr. Rottmanner auf Ach, aufmerksam gemacht habe: „Aus einer voreiligen Teilung der Gemeindeanger ohne Abänderung der übrigen Verhältnisse sind höchst nachteilige Folgen entsprungen. Die Ackerfläche ist vermehrt, aber die Produktion auf die Folge vermindert worden, weil der Viehstand, statt ihn im Verhältnisse jener zu vermehren, nur dadurch vermindert wurde." (Annalen der Fortschritte der Landwirtschaft III, 611).

kreises, in dem insbesondere die zahlreichen Israeliten von Fürth u. s. w. den Güterhandel in ausgedehntem Masse betrieben zu haben scheinen, in den bisher geltenden Bestimmungen wesentliche Veränderungen einführen, mit dem Erlasse vom 7. Juni 1817. Es muss fortan bei den Gutsteilungen jedes Gesuch bei der Polizeibehörde des betreffenden Bezirkes angebracht, sowie von 3 unparteiischen und beeidigten Wirtschaftsvorständen, die nicht nur das Gut im Allgemeinen, sondern auch die einzelnen Teile desselben genau kennen, ein Gutachten eingeholt werden, ob „nach solch beabsichtigter Abtrennung der Rest des Gutes so beschaffen sei, dass darauf bleibend und für immer eine bäuerliche Feldwirtschaft zur vollständigen Nahrung einer Familie an sich fortgetrieben werden könne, ohne dass dabei der etwaige Nebenbesitz des Grundeigentümers anderer Grundstücke in Rücksicht genommen werden darf;“ lautet das Gutachten ablehnend, so wird der Plan ohne Weiteres abgewiesen. Beim Bestehen von grundherrlichen Verhältnissen müssen die unteren Polizei-, Steuer- und grundherrlichen Behörden über die Gewährung des Gesuches einverstanden sein, wenn nicht die Genehmigung seitens der höheren Stellen notwendig sein soll; die Rentämter haben den Plan der Gefälls-Verteilung zu entwerfen und an die Finanzkammern einzureichen, die Polizeibehörden aber sollen die bestmögliche Beschaffenheit und Zurundung des Gutsüberrestes zu erzielen suchen, und nicht früher, als bis alles berichtigt ist, die Zuschreibung des Gutsrestes und der abgetrennten Grundstücke besorgen. Die „gänzliche Auflösung bemaierter d. h. mit einem Ansitze verbundener Güter und Verteilung geringerer Güter, bei welchen ohnediess nur eine bäuerliche Nahrung im mindern Grad gesichert ist, darf keineswegs von den Unterbehörden gestattet werden“.

In Bezug auf die Besitzverhältnisse selbst finden wir in dieser Periode keine Änderung, die als wesentlicher Fortschritt bezeichnet werden könnte. Karakteristischer Weise sehen wir von den Bestimmungen des organischen Edikts vom 28. Juli 1808 bezw. der Ablösung der auf den bäuerlichen Wirtschaften lastenden Abgaben von Seiten des Staates gerade in dem Punkte Gebrauch gemacht, der am allerwenigsten mit den Besitzverhältnissen zusammenhängt: Ablösung der Bodenzinse. Den Besitzern der ehemaligen Klostergüter, die nach den oben angeführten Verordnungen nur „eine jährliche Staatsrente unter dem Namen eines Census“ zu entrichten hatten, wird durch die Verordnung vom 18. Sept. 1810 die Ablösung dieser Abgabe angeboten; niemand braucht dabei auf einmal abzulösen, man kann einzelne Grundstücke befreien oder einen beliebigen Teil der Gesamtsumme tilgen; die Ablösungssumme muss zur Hälfte (durch die Verordnung vom 30. Sept. 1813 auf ein Drittel ermässigt) baar entrichtet werden; trotz dieser Ablösungsmöglichkeit sollen aber doch die entbehrlichen Staatsrealitäten auch ferner wie bisher auf bodenzinsiges Eigentum verkauft und dann erst die Ablösung der neuen Bodenzinse eingeleitet werden.

Nicht minder kennzeichnend ist andererseits der Umstand, dass man in einer Verordnung vom 30. Sept. 1817 ausdrücklich darauf aufmerksam zu machen für angezeigt hielt, dass „das Mandat vom 3. May 1779 für die kastenamtischen Grundholden in den Landesteilen, in denen es Geltung hatte (Ober- und Niederbayern, 1807 wurde es auf Oberpfalz und Neuburg ausgedehnt), noch in solange anwendbar sei, bis dessen Modifikation oder Aufhebung gesetzlich ausgesprochen werde“. Man wird daraus den Schluss ziehen müssen, dass in dieser Periode auch bei den Grundunterthanen des Staates selbst die Entwicklung des freien Eigentums oder auch nur die Umwandlung der verschiedenen Grundgerechtigkeiten in das Erbrecht keine grossen Fortschritte gemacht hat, und dass auch seitens der Regierung nicht mehr das grosse Interesse daran vorhanden war, wie in früheren Zeiten.

Die grössere Rücksichtnahme auf die grösseren Gutsbesitzer, die nicht zum wenigsten mit der (zunächst wenigstens provisorisch durchgeführten) Steuerreform von 1807 und 1808 zusammenhängt, zeigte sich auch in der Organisation der gutsherrlichen Gerichtsbarkeit durch das organische Edikt vom 16. Aug. 1812, das zwar in den meisten Punkten sich genau an das organische Edikt vom 8. Sept. 1808 (bez. der mediatisierten Herren an die kgl. Deklaration vom 19. März 1807) anschliesst, das aber in mehreren Beziehungen auch neue Zugeständnisse an die Gutsherrlichkeit enthält und im Ganzen nicht mehr von jenem offenen reformatorischen Geiste getragen ist wie die früheren Edikte. Es wird nunmehr die Organisation dieser gutsherrlichen Gerichtsbarkeit endgiltig festgestellt nach den drei Klassen:

1. Die mediatisierten Fürsten, Grafen und Herren, und „wen wir ihnen gleichstellen werden“, — „Herrschaftsgerichte erster Klasse“,

2. die zu Herrschaftsgerichten berechtigten Majoratsbesitzer und ihnen gleichgestellten adeligen Vasallen, — „Herrschaftsgerichte zweiter Klasse“,

3. die übrigen, „zu einem geringeren Grade der Gerichtsbarkeit befugten Gerichtsherren“, — die „Ortsgerichte“.

Die Bestimmungen bezüglich der räumlichen Vorbedingungen (Tit. I) zur Bildung der Gerichte entsprechen dem org. Ed. v. 1808; für die Herrschaftsgerichte zweiter Klasse ist eine Familienzahl von 300 erforderlich (§ 16). Die Gestaltung der Herrschaftsgerichte (Tit. II, 1. und 2. Kap.) auf den früher vollständig unabhängigen Gebieten, die unmittelbar den Kreisstellen untergeordnet sind und die gesamte bürgerliche Gerichtsbarkeit erster, teilweise auch zweiter Instanz besitzen, ist für die Entwicklung der bäuerlichen Verhältnisse, die unsere Arbeit im Auge hat, von geringerer unmittelbarer Bedeutung. Die Ortsgerichte behalten ihren Karakter als blosse Vollziehungsbehörden (Tit. II, Kap. III, § 71), die unter dem Landgericht oder dem Herrschaftsgericht stehen und eine selbstständige Exekutivgewalt nur bezüglich der grundherrlichen Forderungen (§ 81) besitzen; die ausführlichen Bestimmungen, die für diesen Teil ihres Wirkungskreises gegeben sind (§§ 83—86), erregen keineswegs den Eindruck von einem energischen Streben nach Reformen. Auch bei den Bestimmungen der polizeilichen Funktionen (§§ 96—131) zeigt sich eine Tendenz, die mehr auf Erweiterung als auf Beschränkung des Wirkungskreises gerichtet ist. Bezüglich der Gehaltsverhältnisse und der Absetzung der gutsherrlichen Beamten, die für die thatsächliche Gestaltung der Rechtspflege von grösster Wichtigkeit sind, wird — gegenüber den Bestimmungen der Verordnung vom 7. Juni 1807 — angeordnet, dass die ersteren vollständig der freien Übereinkunft überlassen werden und dass der Beamte keine Ansprüche auf Stabilität habe (Tit. III § 176).

Die grosse Frage in der zweiten Hälfte des hier ins Auge gefassten Zeitraums war die, was die zu erwartende Verfassung bezüglich der grundherrlichen Verhältnisse bringen werde. Nach der allgemeinen Stimmung war die gänzliche Beibehaltung des bisherigen Systems sehr zweifelhaft. Die gesamte Landwirtschaft lag stark darnieder. Die langen Kriegszeiten hatten schwer auf dem Lande gelastet und Tausende von bäuerlichen Familien waren bis zu dem Jahre 1813 zu Grunde gerichtet worden. Als dann unmittelbar die Theuerungsjahre darauf folgten, und die Lebensmittelpreise ungemein in die Höhe gingen, da veranlassten die hohen Preise die Bauern vielfach, ihre Anwesen an ihre erblichen Nachfolger zu übergeben, die nun das Gut zu einem Wertanschlage zu übernehmen hatten, der den wirklichen Ertragsverhältnissen auf die Dauer nicht entsprach. Dem entsprechend waren auch die mit der Gutsübernahme verknüpften Abgaben der verschiedensten Art in unverhältnismässiger Höhe zu entrichten. War aber durch diese Abgaben das Kapital, das dem angehenden Bauer zu Gebote stand, erschöpft oder reichte es zu deren Bestreitung nicht einmal aus, so war es ihm überhaupt nicht oder nur unter schweren Opfern möglich, sich den nötigen Kredit zu verschaffen: Die Unmöglichkeit, einen sicheren Einblick in den Schuldenstand der Leute zu gewinnen und die Schwerfälligkeit des Prozesswesens, während gleichzeitig der Staat mit seinen Schuldverschreibungen immer grössere Kapitalien an sich zog, das waren die Hauptgründe, weshalb dem Bauern die leihweise Beschaffung von Betriebskapital äusserst erschwert war.[1]

---

[1] Dieser Gesichtspunkt wird denn auch von Reingruber in seinem mehrerwähnten, 1814 gedruckten Werke ganz besonders betont:

Wenn die mit der Grundherrlichkeit verknüpften Leistungen und Abgaben an und für sich, auch ohne dass sie missbräuchlich gesteigert zu sein brauchten, schwer in die bäuerlichen Wirtschaften eingriffen, so kam, um die Erbitterung gegen das grundherrliche System weiter zu steigern, noch hinzu, dass thatsächlich, trotz der Verbesserung des Beamtenmaterials, die gröbsten Missstände den im grundherrlichen Verbande stehenden Bauern gegenüber nach wie vor in weitem Umfange vorkamen. Sonst wäre es nicht recht zu erklären, wenn einmal in einer massvollen, zu Gunsten der Grundherren geschriebenen Broschüre vom Jahre 1817 gesagt wird: „Wir wissen es wohl, dass gegen denjenigen, der die grundherrlichen Rechte gesichert wissen will, sich die allgemeine Stimme erhebt, und wir wollen zugeben, dass die Handlungsweise einzelner Grundherren zur Entstehung dieser widrigen Stimmung beigetragen habe; wir wollen sogar eingestehen, dass das Grundherrlichkeitsverhältnis, wie es jetzt besteht, für den Geist unserer Zeiten nicht mehr passt.“ [1]

Diese starke Erbitterung gegen die Grundherrlichkeit war so weit verbreitet, dass auch in den Reihen der Grundherren und ihrer Anhänger selbst neben den starren Vertheidigern des bisherigen Zustandes auch solche Stimmen sich vernehmen liessen, die den Gedanken der Ablösung der grundherrlichen Rechte nicht nur vom Standpunkte des Rechtes, sondern auch von rein praktischen Gesichtspunkten aus untersuchten und einer, freilich in sehr engen Grenzen gehaltenen Reform das Wort redeten. Es verlohnt sich, diese Ansichten etwas näher kennen zu lernen, wie sie in der bereits erwähnten Broschüre „Freymüthige Gedanken u. s. w.“, dann aber be-

„Ein eben so grosses Hindernis der Kultur und des Wohlstandes überhaupt ist der Mangel des Kredits, welch fehlender Kredit grösstenteils vom Mangel eines Kreditsystems herrührt“ (I, 178). „Die Anordnung eines zweckmässigen Kreditsystems ist eine der ersten Bedingungen des Blühens der Kultur und des Nationalwohlstandes“ (I, 181).“ „Dieses Kreditsystem besteht in strengen Gesetzen und starker Exekution derselben gegen die Schuldner und in Herstellung zweckmässiger Hypothekenbücher“ (I, 180).

[1] Freymüthige Gedanken über die grundherrlichen Verhältnisse in Bayern München 1817.

sonders in einer Schrift des Freiherrn Georg von Aretin Ausdruck gefunden haben.[1]

Aretin geht von der Meinung aus, dass es im Allgemeinen mit den bäuerlichen Verhältnissen überhaupt nicht so schlimm bestellt sei. Es herrsche ein Wohlstand des Landmannes in Bayern, „wovon man sich in andern Ländern kaum einen Begriff mache". Der Reisende finde überall auf dem Lande schöne Gebäude und gute Kleidung, schöne Pferde, Wagen und Geschirre, auf den Jahrmärkten selbst der kleinsten Flecken und Städtchen ungeheure Menschenmengen und grossen Geldumlauf, — „die Leute, die man hier wacker zechen, um hohes Geld spielen und mit unbefangener Heiterkeit beisammen sieht, sind Besitzer von Leibrechts-, Freistifts- und Neustiftsgütern, und können also nicht unglücklich sein." Allerdings ist manchmal „jetzt wo die neuen Steuerschuldigkeiten neben den alten grundherrlichen Abgaben entrichtet werden sollen, wo jene ins Unendliche vervielfältigt werden, wo die Grundherren selbst wegen immer steigender Forderungen des Staates ihre Gefälle viel strenger einziehen müssen", die Lage der Grundholden etwas schwieriger geworden. Allein daran ist nur die Verschwendung der Regierung schuld und die Missachtung des Grundsatzes, dass „die Ausübung der Bürgerpflicht nicht nach den jetzigen Verhältnissen, sondern nach jenen, welche zur Zeit der abgeschlossenen Verträge herrschten, zu bemessen sei", dass also die grundherrlichen Abgaben nicht nach den viel später entstandenen Steuern sich beschränken lassen, dass vielmehr die Grundholden zu der allgemeinen Steuerpflicht nur soweit herangezogen werden dürfen, als sie neben den grundherrlichen Abgaben noch leistungsfähig seien.

Soweit die bäuerlichen Wirtschaften sich in schlechter Lage befänden, beruhe diese durchaus nicht auf dem System

[1] Abhandlung über die grundherrlichen Rechte und Landeskultur in Bayern, Hauptstützen des öffentlichen Wohlstandes. Von Georg Freiherrn von Aretin, Kgl. Bayerischem Kämmerer und Generalkommissär. In erster Ausgabe 1817 erschienen, später dann, 1839, wieder aufgelegt (Zeitbedürfnisse mit besonderer Rücksicht auf Bayern, 3. Bändchen).

der Grundherrlichkeit, und würde durch eine allgemein durchgeführte Ablösung der letzteren keineswegs verbessert werden. Zunächst sei die Gebundenheit der Güter keine notwendige Folge der Grundherrlichkeit; es brauchten ja nur die Abgaben auf die einzelnen Teile ausgeschlagen zu werden,[1] um ungehindert die letzteren einzeln verkaufen zu können. Ebenso liege in der Grundherrlichkeit kein Hindernis für die Arrondirung der Grundstücke, da der Bauer wegen der Laudemien eben auch billiger kaufen könne. Überhaupt hielten die grundherrlichen Abgaben den Kaufschilling niedriger, so dass vielfach Taglöhner zu Gütlern und schliesslich zu wohlhabenden Bauern geworden seien. Auch mässige Frohnden seien kein Hindernis für die Landeskultur, ungemessene Frohndienste freilich müssten in gemessene umgewandelt werden; Geldabgaben seien dem Bauer immer empfindlicher als Fuhren und Arbeit, auch würde vielfach für die Frohndienste etwas gezahlt. Übrigens wünschten die Gutsbesitzer selbst die Aufhebung der Frohnden, die nur schlechte und oberflächliche Arbeit bringen, — „wo die Frohnarbeit nach Tagen bestimmt ist, ist nichts mit der Langsamkeit, und wo bestimmte Arbeiten geleistet werden müssen, nichts mit der Geschwindigkeit zu vergleichen". Nicht zu vergessen sei dann die Unterstützung des Grundholden durch den Grundherrn im Falle der Not. „In den jüngsten Theuerungszeiten sollen viele Besitzer freieigner Güter gewünscht haben, grundbare Güter zu besitzen." Bei allen möglichen Verhältnissen sei der Grundherr die Zuflucht der Bauern, der isolirte Bauer werde überall gleichgiltig angehört und abgewiesen.[2]

Soweit also nicht grobe Missbräuche herrschen, ist nach

---

[1] Dabei würde dann „die Vermehrung der Laudemien bei völliger Ungebundenheit der Güter insbesondere für den Staat, aber auch für die privaten Grundherren reichliche Entschädigung für kleine Unbequemlichkeiten bieten!"

[2] Nur nebenbei mag erwähnt sein, dass gelegentlich auch die Anspornung des Fleisses durch hohe Abgaben als ein Grund für Beibehaltung der Grundherrlichkeit angeführt wird: „Wenn der Bauer keine grundherrlichen Abgaben mehr zu leisten und nicht gleich grössere Steuern zu zahlen hätte, wäre er nicht mehr so fleissig."

der Auffassung Aretin's die Ablösung der Grundherrlichkeit für den Grundholden keine Wohlthat, vielfach wäre sie unersetzlicher Schaden für denselben. Für den Grundherrn aber wäre sie bei den gegenwärtigen Zuständen der unvermeidliche Ruin. Dass die Grundholden die für Ablösung der Grundherrlichkeit zu leistenden Summen sofort baar zu erlegen gezwungen würden, daran wäre nicht zu denken; in diesem Falle müssten dieselben Teile ihres Besitzes verkaufen und dadurch würde der Preis der Grundstücke äusserst herabgedrückt werden, sie müssten also viel mehr verkaufen, als den wirklichen Erträgnissen dieser Grundstücke nach ihren abzulösenden Leistungen entsprechen würde. Bei kleinen Teilzahlungen dagegen wäre dem Grundherrn die Möglichkeit benommen, die Ablösungskapitalien „auf andere Zweige der Industrie oder zur Bezahlung ihrer Schulden, die ihnen wegen Verringerung der Hypothek sogleich aufgekündigt würden, zu verwenden.“ Einer allgemeinen Umwandlung der grundherrlichen Naturalabgaben in jährliche Geldzinse aber stände die Veränderlichkeit des Geldwertes entgegen. Man könnte nun daran denken, „dass die Grundherrn für den Entgang der Raten aus ihren Grundgütern einen Teil von jedem Grundgute selbst erhalten müssten, wonach also der vormalige Grundhold den Rest seiner Gründe als freier Eigentümer und der Grundherr die ihm zugeteilten in der nämlichen Eigenschaft besitzen würde“,[1] also Ablösung der Grundherrlichkeit nicht in Geld, sondern in Grund und Boden selbst. Dieser Idee aber stünden wiederum unüberwindliche Schwierigkeiten bei der praktischen Durchführung entgegen, schon die Feststellung, wieviel und welche Gründe abzutreten wären, dann der Mangel an ländlichen Arbeitern und die Schwierigkeit zu verpachten würden geradezu unerträgliche Verhältnisse herbeiführen. Diese ganze Frage sei aber um so wichtiger, als dabei nicht nur die adeligen und nichtadeligen privaten Gutsbesitzer in Betracht kämen. Auf den grundherrlichen Renten beruhe das Einkommen vieler milden Stiftungen und Kirchen (Besoldung der Pfarrer!), vieler Markt- und Stadt-

---

[1] Freymüthige Gedanken, S. 50 f.

gemeinden, endlich insbesondere des Staates selbst.[1] Diese Wirtschaften auf den Bezug von Geldzinsen in stets wechselndem Tauschwerte anzuweisen, würde zweifellos zu den schwersten Erschütterungen führen müssen.

Man solle sich deshalb darauf beschränken, die Auswüchse der Freistifts-, Neustifts- und Leibgerechtigkeiten aufzuheben, deren allmählige Umwandlung in Erbgerechtigkeit festzusetzen, die ungemessenen Frohndienste in gemessene zu verwandeln, bezüglich der Aufhebung beziehungsweise Ablösung der Grundherrlichkeit selbst aber den Grundsatz festzuhalten, dass die Grundbarkeit „durch gegenseitige Übereinkunft des Grundherrn mit dem Grundholden zu jeder Zeit auf was immer für eine Art und Bedingnis losgekauft werden könne“. „In einigen Generationen“ würden sich ja die Verhältnisse vielleicht so geändert haben, dass man an eine Ablösung der Grundherrlichkeit wirklich denken könne. Dafür ist aber „notwendige Bedingung eine beinahe um die Hälfte stärkere Bevölkerung des Landes, denn dann erst würde es möglich sein, Dienstboten zu bekommen, Brache anzubauen, wozu es jetzt oft an Menschen fehlt, nicht nur Getreide, sondern auch andere Produkte zu bauen, die mehr Arbeit erfordern, bessere Ökonomieverwalter zu erhalten“ u. s. w. Dann würde auch „der Bauer aufgeklärter sein und isolirt existiren, die Grundherrn aber mehr Einnahmen aus ihren Ökonomien beziehen können“.

Die Furcht vor tiefeinschneidenden Veränderungen, welche die Verfassung bringen würde, erwies sich als unbegründet:

[1] Namentlich der Staat dürfte nach Ansicht Aretins nicht an Ablösungen denken: „Durch die Getreidedienste der Grundholden kann die Regierung allen Staatsdienern auch Besoldungen in Getreide geben, die nach einstimmigen Erfahrungen ungleich zweckmässiger sind als Geldbesoldungen, und die auch in kurzem in Bayern wieder eingeführt werden müssen.“ Übrigens würde, wenn sich der Staat seine Dominikalrenten ablösen lasse, das Geld wahrscheinlich doch nur vergeudet, die in den Staatseinnahmen dadurch entstehende Lücke würde durch allgemeine Erhöhung der Steuerquote wieder gedeckt, und die sauer erworbenen Sparpfennige der Unterthanen, mit denen sie die Ablösung bestritten, wären nur zwecklos geopfert.

die bayrische Verfassung vom 18. Mai 1818 hat auf diesem Gebiete im Wesentlichen Alles beim Alten gelassen. Sie bringt eine umfassende Regelung der Agrarverhältnisse, soweit sie mit dem Besitzstande beziehungsweise mit der gutsherrlichen Gerichtsbarkeit zusammenhängen, begnügt sich aber mit der einfachen Bestätigung der durch die bisher angeführten Verordnungen getroffenen Einrichtungen. Sie bestätigt die Aufhebung aller Leibeigenschaft (Tit. IV § 6), sowie die Umwandlung und Ablösbarkeit aller ungemessenen Frohnden (§ 7); der Gutsherr behält seine gutsherrlichen Rechte, aber der Adel ist fortan ausschliessend zur Ausübung einer gutsherrlichen Gerichtsbarkeit befähigt (Tit. V. § 4, Absatz 1 und Absatz 2, N. 1). Die Bestimmungen über die grundherrlichen Verträge und die in denselben konstituirten ständigen und nichtständigen Abgaben und Lasten [1]) entsprechen dem organischen Edikte vom 28. Juli 1808: Die grundherrlichen Verträge, welche von den Gutsherren über Anbau und Benützung ihrer eigentümlichen Gründe in einer von den bürgerlichen Gesetzen anerkannten Form geschlossen worden sind, verbleiben in ihrer Wirksamkeit (§ 4); alle grundherrlichen Renten und Lasten, sowie die Bodenzinse und Zehenten sind nach dem Einverständnisse der Beteiligten ablösbar (§ 6 und 7). Sodann werden einige Einzelbestimmungen getroffen, um die Grundholden gegen übermässige Laudemialabgaben (§ 10—12), sowie gegen Schädigung bei rückständig gebliebenen gutsherrlichen Abgaben (§ 14) und beim Abzuge vom Gute (§ 17) zu schützen. Bei den Bestimmungen über die gutsherrliche Gerichtsbarkeit wird zunächst das Oberaufsichtsrecht des Staates etwas stärker betont als bisher der Fall gewesen; für die Frage des Bestehens der Gerichtsbarkeit im einzelnen Falle wird der Nachweis, dass dieselbe im Jahre 1806 „hergebracht" war, entscheidend (§ 28). Bezüglich des Wirkungskreises finden sich im Wesentlichen die Bestimmungen des Edikts vom 16. Aug. 1812 wieder, mit einigen Erweiterungen; insbesondere erhalten die Patrimonialgerichte neben der freiwilligen auch die niedere streitige Gerichtsbarkeit, wenn und

[1] Edikt über d. gutsh. Rechte und über die gutsh. Gerichtsbarkeit (Beil. VI zu Tit. V § 4 Nr. 1 der Verf. Urk.).

wieweit sie dieselbe früher (vor 1806) besessen haben. Auch bezüglich der Dienstverhältnisse der gutsherrlichen Beamten bleibt es völlig bei der Anordnung von 1812: bei den Herrschaftsgerichten und Patrimonialgerichten erster Klasse — vollständige Übereinstimmung mit den entsprechenden Staatsbeamten (Besoldung, definitive Anstellung u. s. w.), bei den übrigen — freie Übereinkunft und keine Ansprüche auf Stabilität.

III. DIE ENTWICKLUNG VON 1818—1848.

Nur in grossen Zügen soll in diesem letzten Abschnitte noch die weitere Entwicklung des Kampfes zwischen Grundeigentum und Grundherrlichkeit in Bayern bis zu seinem Abschlusse durch das Gesetz vom 4. Juni 1848 geschildert werden.

Die Verfassung vom Mai 1818 hatte in Bayern eine wirkliche Volksvertretung ins Leben gerufen, und es ist selbstverständlich, dass fortan in den Verhandlungen der beiden Ständekammern die Forderungen der Landwirthschaft ihren Ausdruck, und von den verschiedenen Standpunkten aus ihre Beurteilung finden mussten und fanden.

Hier tritt nun das Verlangen nach einschneidenden Reformen, denen die Verfassung sorgfältig aus dem Wege gegangen war, schon in der ersten Session (1819) klar zu Tage. Die Regierung sprach sich nur mit grösster Zurückhaltung über die gesamten inneren Verhältnisse aus in der „Allgemeinen Darstellung des Zustandes des Königreichs“, die sie am 6. Febr. den beiden Kammern vorlegte. Bezüglich der Agrikultur finden sich hier nur sehr schöne Redensarten, dass „die Kultur unaufhaltsam den gesetzlich gebahnten Weg zur freien und rastlosen Produktion verfolge“, dass „der rohe Hirte dem verständigen Ackersmann weichen musste“, dass „Pflug und Sichel auf öden Gründen wuchern“, und dass — „wo vorher die gemeinschaftliche Benützung kaum eine magere Ausbeutung gewährte, nunmehr der Einzelne im abgeteilten Besitze reichlichen Segen gewinne“ —: von den eigentlichen, tiefer liegenden Hindernissen einer freien Agrarentwicklung, von den auf ihr lastenden Bürden und Fesseln, von dem ganzen Verhältnisse der Grundherrlichkeit und der Gutsgerichtsbarkeit ist mit keinem Worte die Rede.

Diese kommt erst zur Sprache bei den Verhandlungen über das Kapitel der Staatseinnahmen im Mai 1819. Hier wird in der Sitzung der Abgeordneten-Kammer vom 11. Mai 1819, bei Besprechung der grundherrlichen Gefälle des Staates beantragt, es sollen Massregeln gegen Überlastung der Grundholden getroffen und ein billiger Massstab zu Ablösung der Gefälle festgesetzt werden. Die Beschwerde einiger Grundholden im Oberdonaukreis wegen Überlastung mit grundherrlichen Forderungen und deren Bitte um Abschaffung aller grundherrlichen Rechte führte in der Sitzung vom 15. Mai zu dem Antrage, die Regierung möge dafür sorgen, dass die in der Verfassung bestimmte Regulierung der ungemessenen Frohnden alsbald durchgeführt werde. Bei Besprechung der staatlichen Musterwirthschaften, in der Sitzung vom 29. Mai, betont der Abgeordnete Köster, dass „die Freiheit des Eigenthums die besten Musterwirthschaften mache“, am Rhein gebe es Gegenden, wo jeder Bauer eine Musterwirthschaft habe. Die gleiche Sitzung führte zu Wünschen und Anträgen auf Durchführung der Ablösung aller grundherrlichen Rechte; dem gegenüber wird von anderen Abgeordneten „die grösste Vorsicht und Gerechtigkeit“ empfohlen, wieder andere verwerfen diese Ablösung als Eingriff in wohlerworbene Rechte. Bemerkenswerth ist, dass in der Sitzung vom 25. Juni, bei Berathung über die Staatsschulden, von einem Abgeordneten der Vorschlag gemacht wurde, es solle „zur Beförderung der Ablösung der grundherrlichen Abgaben“ den Grundholden gestattet werden, mit Staatspapieren abzulösen, die sie sich gegen hypothekarische Belastung ihrer Grundstücke verschaffen sollten.

Diese Verhandlungen der ersten Landtagssession sind geradezu typisch für die ganze weitere Entwicklung bis zum Jahre 1848. Es wird fast allgemein die Nothwendigkeit einer umfassenden Reform der landwirthschaftlichen Verhältnisse anerkannt, eine solche Reform in wirklich durchgreifender

Gestalt ist aber unter Beibehaltung des Systems der Grundherrlichkeit nicht durchführbar, und an die Umgestaltung dieser letzteren wagt man sich nicht heran. Dieser Verlauf zeigt sich deutlich in der Entwicklung, welche das Verlangen des Landtages nach einer einheitlichen Landeskulturgesetzgebung[1] hatte, das volle zwei Jahrzehnte hindurch auf der Tagesordnung stand. Bereits 1822 wurde ein umfassender Kulturgesetzentwurf vorgelegt; er gelangte aber nicht mehr zur Beratung.[2] Das gleiche Schicksal hatte die Revision des Entwurfes 1827; in dem Landtagsabschiede vom 15. Aug. 1828 heisst es darauf bezüglich: „Ungern vermissen wir — die Ergebnisse eines auf die Entfesselung der landwirtschaftlichen Industrie berechneten Kulturgesetzes.“ Im Jahre 1831 kam ein Gesamtbeschluss der beiden Kammern über diesen Gegenstand zu Stande und nicht weniger als 67 Anträge und 16 „Wünsche“ verlangten von der Krone den Erlass eines Kulturgesetzes; der Landtagsabschied vom 29. Dez. 1831 besagt darauf[3]: „Wir finden die Anträge über die Landeskultur sehr beherzigenswert und werden solche in reifliche Erwägung ziehen.“ Nach Wiederholung der Bitte durch den Landtag von 1834 und 1837 brachte der Landtagsabschied vom 17. Nov. 1837 seitens der Krone die Überzeugung zum Ausdruck, dass die entgegenstehenden Schwierigkeiten (Grundherrlichkeitsverhältnisse und Mangel einer einheitlichen Civilgesetzgebung) vorläufig an den Erlass eines einheitlichen, das gesamte Gebiet der Agrikultur umfassenden Gesetzes noch nicht denken liessen. Diese Anschauung fand allmählig auch bei den Ständen Eingang und sie begnügten sich — 1843 — mit der Bitte, man möchte wenigstens „einzelne besonders dringende Gesetze zur Hebung der drückendsten Lasten der Landeskultur“ vorlegen lassen.

---

[1] Unter diesem Ausdrucke wird im Allgemeinen die Zusammenfassung aller nicht unmittelbar mit den Eigentumsverhältnissen zusammenhängenden Bestrebungen zur Förderung der landwirtschaftlichen Verhältnisse verstanden.

[2] Vgl. dazu Rudhart, Über den Zustand u. s. w., I, p. 163—238.

[3] L. A. III „Anträge und Wünsche der Kammer“, Nr. 41; Ges. Blatt f. d. K. Bayern, 1831, p. 101.

Wenn es so auch in dieser ganzen Zeit zu keiner einheitlichen Neugestaltung der Gesamtverhältnisse kommen sollte, so kam es doch im Einzelnen zu einer Reihe von Reformen, die auf die thatsächliche Lage des Bauernstandes grossen Einfluss ausüben konnten und zum Teil auch wirklich ausübten.

Es ist hier besonders daran zu erinnern, dass in den 20er und 30er Jahren in dem landwirtschaftlichen Kreditwesen, und damit in einem der für jede durchgreifende Reform wichtigsten Punkte, die entscheidende Wendung eintritt. Die Reform der Grundsteuer (von 1807 ab) hatte den Anstoss zur Herstellung eines geordneten Katasterwesens gegeben. Der entscheidende Schritt geschah dann durch das Gesetz vom 1. Juni 1822. „Wir haben uns“, heisst es in der Einleitung dieses Gesetzes, „von der Notwendigkeit überzeugt, den Privatkredit durch ein nach richtigen und in der Erfahrung bewährten Grundsätzen abgemessenes Hypothekensystem zu erleichtern und sicher zu stellen.“ So wurde denn durch das genannte Gesetz die Einrichtung eines allgemeinen, auf den Grundsätzen der Spezialität[1] und Publizität[2] beruhenden Hypothekenwesens festgesetzt, und damit die feste Grundlage für eine umfassende Organisation des landwirtschaftlichen Kreditwesens geschaffen. In dem betreffenden Einführungsgesetz wurde „die Errichtung von Privatkreditvereinen gestattet, insofern sie der Regierung zur Bestätigung vorgelegt werden“; es wurden auch — im Jahre 1824 — alle Vorbereitungen getroffen, einen „Kreditverein der bayrischen Guts-

---

[1] „Die Eintragung in das Hypothekenbuch kann niemals anders als für eine der Summe nach bestimmte Forderung auf bestimmte Immobilien geschehen“ - § 11 des Gesetzes.

[2] „Jeder Besitzer einer unbeweglichen Sache, jeder darauf eingetragene Gläubiger, desgleichen jeder andere, welcher wegen eines mit dem Besitzer oder Gläubiger bestehenden Rechtsverhältnisses ein Interesse glaubhaft nachweist, kann von denjenigen Stellen des Hypothekenbuches, worauf sich sein Interesse bezieht, Einsicht nehmen, oder auch beglaubte Auszüge derselben erlangen. Jedem anderen ist ohne Einwilligung des Eigentümers der Sache die Einsicht nicht zu gestatten“ — § 24.

besitzer" ins Leben zu rufen, dessen Satzungen unter dem 25. April 1826 genehmigt wurden, nachdem inzwischen das Gesetz vom 11. Sept. 1825 für „allerhöchst bestätigte Kreditvereine" die Ausstellung von Pfandbriefen genehmigt und geregelt hatte; das vorbereitete Unternehmen zerschlug sich zwar, dafür trat aber dann 8 Jahre später — Gesetz vom 1. Juli 1834 — die „Bayerische Hypothek- und Wechselbank" ins Leben, die schon in dem ersten Jahrzehnte ihres Bestehens eine grossartige Wirksamkeit entfalten konnte.

Von praktischen Reformen, die unmittelbar mit den bäuerlichen Besitz- und Betriebsverhältnissen zusammenhingen, konnte natürlich auch jetzt nur bei den Grundunterthanen des Staates selbst, im Übrigen aber nur insoweit die Rede sein, als nicht das System der Grundherrlichkeit selbst angegriffen zu werden brauchte.

Den Grundholden des Staates wurde die Fixirung, Umwandlung und Ablösung der sämtlichen grundherrlichen Abgaben und Leistungen angeboten durch die Erlasse vom 8. Febr. 1825 und vom 13. Febr. 1826; doch musste der „Anspruch auf die angebotenen Vorteile" binnen 6 Jahren geltend gemacht werden, und für jene, die keinen Gebrauch davon machen, bleibt „die Feststellung neuer Bedingungen" vorbehalten. (Erlass vom 8. Febr. 1825 § 40).

In dem eben erwähnten Erlasse wird zunächst die Fixierung des unständigen Zehents ausgesprochen und zwar nach einem aus den Jahren 1811—1822 (mit Ausnahme der Theuerungsjahre 1815, 1816 und 1817) berechneten Durchschnittsertrage. Dabei sollen die kgl. Beamten möglichst darauf hinwirken, dass die Fixierung immer für eine ganze Zehentflur durchgeführt werde; in diesem Falle liefert die Gemeinde den fixierten Zehentbetrag im Ganzen an das Rentamt ab und legt die einzelnen Beträge als unveränderliche Jahresreichnisse auf die sämtlichen zehentpflichtigen Besitzungen um. Wenn in einer Gemeinde die Mehrzahl der Zehentholden, die zugleich den grösseren Teil der Zehentflur besitzt, die Fixierung begehrt, die übrigen dagegen sich nicht anschliessen wollen, so kann jener (der Mehrzahl) die Ausübung des Zehentrechts, wie es der Staat besessen und hergebracht, überlassen werden: — eine interessante Bestimmung, die auf die praktische Durchführung der ganzen Massregel von grossem Einflusse sein musste. Sind in einer Ortsmarkung mit dem Zehentrecht Ansprüche auf besondere Frohndienste verbunden, — wie es wohl meistens der Fall gewesen ist, — so hören diese mit der Fixierung des Gesamtzehents ohne Entschädigung auf. Der Blutzehent wird nach 10jährigem Durchschnittsbetrage in eine Geldabgabe umgewandelt. Für die — in der Verfassung bereits angeordnete — Fixierung der Scharwerke ist ebenfalls der Durchschnitt der Jahre 1813—1822 massgebend, eventuell der vorausgehenden 10 Jahre. Der Natural-Frohndienst aber wird aufgehoben gegen Übernahme einer ständigen Geldabgabe, die dem dritten Teile des ortsüblichen Lohnes solcher Dienste gleichkommt. Die sämtlichen fixierten Reichnisse an Feldfrüchten können, sofern die bedungenen in der Gegend nicht in der erforderlichen Menge gebaut werden, in die dortselbst gewöhnlichen Gattungen des Getreides umgewandelt werden (wobei das Korn als Vergleichungsmassstab dient); ebenso werden die „noch in Natur bestehenden Küchendienste" nach bestimmten Preissätzen in Geldabgaben verwandelt. Gleichzeitig wird den Besitzern von Leibrechtsgütern freigestellt, nach den Verordnungen von 1803 das Eigentum oder wenigstens, „gegen Erlag des 10. Teiles des aus dem letzten Leibgeldanfalle zu berechnenden Gutswertes" das Erbrecht zu erwerben.

Nachdem so die Fixierung und Umwandlung der Zehenten ausgesprochen war, erfolgte der weitere Schritt mit der zweiten Verordnung (13. Febr. 1826): die Getreidegefälle werden nach 50jährigen Durchschnittspreisen zu Geld angeschlagen und die sämtlichen ständigen und fixierten Gefälle können gegen baare Bezahlung des 25fachen Betrages abgelöst werden; die Ablösung hängt lediglich von der freien Einwilligung des Leistungspflichtigen ab; derselbe kann auch, wenn mehrere Gefälle auf seiner Besitzung haften, nur eine Gattung derselben und auch diese ganz oder nur teilweise ablösen. Durch

Verordnung vom 19. Juni 1832 wurden dann auch die übrigen unständigen Abgaben fixiert und konnten nach den gleichen Bedingungen wie die ständigen abgelöst werden, ohne Rücksicht auf die verschiedenen Arten der Grundgerechtigkeit.[1]

Unter den übrigen Massregeln kommen für uns an dieser Stelle noch die Aufteilungen der Gemeingründe und die Zerlegung grösserer Güter in Betracht.

Es wurde schon oben darauf hingewiesen, wie durch die Katasterarbeiten und dann besonders durch die Arbeit von Rudhart die Meinung erschüttert wurde, dass Bayern an einem Überfluss von zu ausgedehnten Besitzungen leide. Zu gleicher Zeit entwickelte sich die Furcht, dass die Verkleinerung der Besitzungen zu weit gehen könnte, sodass wiederholte Klagen über die „Dismembrationen" sich erhoben, — so auch in der Kammer, besonders noch zu Anfang der 40er Jahre. Andererseits fürchtete man — wie ebenfalls oben schon erwähnt — für die gedeihliche Entwicklung der Viehzucht.

Diese beiden Gesichtspunkte gaben die Richtschnur für die Aufteilung der Gemeingründe und für die Zerlegung der grösseren Güter.

In dem revidierten Gemeinde-Edikt (1825) wird bestimmt, dass die Teilung der Gemeindegründe nur „wegen nachgewiesenen Vorteils für die Gemeinde mit Zustimmung der Mehrheit von 3/4 sämtlicher wirklichen Gemeindeglieder der Gesamtgemeinde, unter welchen 3/4 jedoch die Grösstbegüterten der Gemeinde, sowie der oder die Schäfereiberechtigten begriffen sein müssen, und mit höherer Genehmigung stattfinden solle. Dabei können „die nach bestehenden Gesetzen, Verträgen und Observanzen den sog. Leerhäuslern etwa zugehenden Anteile von der Gemeinde als unzertrennliche Zubehör des Hauses erklärt werden" und „gleiche Befugnis steht den Gemeinden hinsichtlich der den sog. Kleinbegüterten (Söldnern) anfallenden Anteile zu". Bei jeder Aufteilung aber wird „eine durch die zu 3/4 festgesetzte Majorität der Gemeindeglieder bestimmte Zahl von Teilen

[1] Diese beiden Verordnungen wurden in einer von Minister von Abel gegengezeichneten Verordnung vom 21. April 1840 wieder ausser Kraft gesetzt (Reg. Bl. für das Königreich Bayern, 1840, No. 14).

für die Gemeinde zurückbehalten, um jeweils an Kleinbegüterte oder Leerhäusler verpachtet zu werden". Die obige Bestimmung, die Anteile der Leerhäusler und Söldner „als unzertrennliche Zubehör" zu erklären, scheint eine grosse Verschiedenheit in der Behandlung und vielfache Anstände veranlasst zu haben; es wurde deshalb festgesetzt, dass „die verteilten Gemeindegründe jeder Art in der Regel, wo nicht in speziellen Fällen ein besonderer rechtsgiltiger Vertrag, oder ein rechtskräftig gefälltes Urteil etwas Anderes stipuliert, die unbeschränkte Eigenschaft walzender Stücke und des ungebundenen Eigentums haben sollen." [1]

Bezüglich der Gutszertrümmerungen hielt der geheimen Furcht vor übergrosser Zersplitterung des Grundbesitzes das Verlangen nach mehr Arbeitskräften in der Landwirtschaft das Gleichgewicht, sodass man nicht daran dachte, die bestehende Auflösung der Gebundenheit wieder zu beschränken. Man hielt nur an der oberpolizeilichen Genehmigung fest für jene Fälle, wo die Zertrümmerung „bedeutend ist und nicht in blossen Abtrümmerungen besteht";[2] das ist aber der Fall, wenn „die Mannsnahrung verloren geht", d. h. wenn der Umfang nicht mehr gross genug ist, um „eine gewöhnliche Bauernfamilie gut ernähren zu können". Auch diese oberpolizeiliche Genehmigung fiel weg durch das Gesetz vom 11. Sept. 1825 über die Ansässigmachung und Verehelichung. Es wird hier unter den die Ansässigmachung begründenden Titeln „der Besitz eines Grundvermögens, das ein Steuersimplum von 45 Kr. entrichtet", aufgeführt; dieses Vermögen musste allerdings (nach einem durch die Reichsratskammer durchgesetzten Beisatze) „bis zum Kapitalbetrage dieser Steuer schuldenfrei sein". Um die Erwerbung dieses Grundeigentums zu erleichtern, „kann jedes Gut bis zu dem daselbst angegebenen Masse geteilt werden, wobei die verhältnismässige Repartition der grundherrlichen Reichnisse durch Übereinkunft der beteiligten Grundherrn und Grundholden zu ordnen ist"; die Reichsratskammer machte den Versuch, die Be-

---

[1] Erl. der Reg. d. Isarkreises 25. April 1827, Nr. 1.

[2] Erl. an die Reg. des Unterdonaukreises wegen der Abg. Repart. vom 25. Mai 1821, Nr. 3.

stimmung einzufügen: „dem Grundherrn soll frei stehen, seine Einwilligung zur Zertrümmerung eines Gutes und zur Verteilung der grundherrlichen Reichnisse zu geben oder nicht", — der Versuch scheiterte aber an der zweiten Kammer (die Modifikation wurde hier in der Sitzung vom 31. Aug. mit 82 gegen 1 Stimme verworfen). Die Zerschlagung in noch kleinere Parzellen als solche mit Steuersimplum v. 45 Kr. ist bei ludeigenen Gütern ebenfalls unbedingt, bei grundbaren aber nach Übereinkunft mit dem Grundherrn gestattet. Bei der Revision des Gesetzes im J. 1834 wurde bezüglich der Ansässigmachung das Steuersimplum auf 1 fl. erhöht. Über die Ausdehnung der Gutszertrümmerungen ordnete die Regierung, in Folge der vielfachen Klagen Anfangs der 40er Jahre, die Zusammenstellung der sämtlichen Fälle von 1825 bis 1843 an, mit Scheidung der Jahre vor und nach 1834. Das Resultat dieser Erhebung war im Wesentlichen[1]: Die Erschwerung der Ansässigmachung auf Grundbesitz (1834) hatte keinen Einfluss auf die Gutszertrümmerungen; es wurde in der genannten Zeit dem Areal nach etwa 8 Prozent des gesamten Privatbesitzes dismembriert; bei den sämtlichen Dismembrationen blieben etwa 70 Proz. der Güter bestehen, ca. 30 Proz. wurden ganz aufgelöst; die Bildung neuer Anwesen betrug eine jährliche Mehrung von 79, im Ganzen von 1426 Gütern; es wird bemerkt, dass die einzeln verkauften Grundstücke meist zu besserer Arrondierung anderer Güter dienten.

Überhaupt hatte man bei der ganzen Entwicklung der Gutszertümmerungen jederzeit die rationelle Arrondierung wohl im Auge. So wird in dem Ständeabschied v. 1831[2] verordnet, dass „jene Grundstücke, deren Steuern und Abgaben seit längerer Zeit wegen Nichtkultur ruhend geführt und jährlich niedergeschlagen werden mussten, 10—15 und in ausserordentlichen Fällen auch 20-jährige Abgabenfreiheit gleich Neubrüchen geniessen sollen, wenn sie durch Arrondierung in Kultur treten sollten." Und in dem Landrats-

[1] Vgl. Hermann', Die Ernten im Kgr. Bayern. XV. Heft der Beitr. z. Stat. des Kgr. Bayern, 1866, p. XXVII—XXX und die Tab. X.

[2] II. Nachweisungen, Nr. 60; Ges. Bl. f. d. Kgr. B. 1831, p. 68.

abschied für den Isarkreis 1832 (19. Okt.) versichert der König, dass „diese wichtige und heilsame Operation Gegenstand unserer besonderen Sorgfalt“ sei und es werden die Beamten in dringendster Weise aufgefordert, durch die mit dem Arrondirungsgeschäfte verbundenen Mühen sich nicht verleiten zu lassen, darauf abzielenden Wünschen gleichgiltig oder gar hemmend entgegenzutreten.

Bezüglieh der gutsherrlichen Verhältnisse der privaten Grossgrundbesitzer haben wir in der ganzen Periode — bis zum Schlusse derselben — nur Versuche seitens des Staates, die Gutsherrn zum freiwilligen Verzicht auf die gutsherrliche Gerichtsbarkeit zu bewegen. Hierbei war zunächst für den Entgang an den Gerichtseinnahmen keine Entschädigung vorgesehen; „wir wollen“, heisst es in einem kgl. Erlasse vom 27. Jan. 1820, — „neben den Sporteln und Taxen keineswegs auch die rein grundherrlichen Renten einziehen;“ — und „bei obwaltendem Zweifel“ soll immer „für die grundherrliche Eigenschaft einer solchen Rente entschieden werden.“ In einem weiteren kgl. Erlasse vom 24. Okt. 1829 wird geradezu erklärt: „Entschädigung wird nie bewilligt, da solche (Verzichtleistung) nach genauer Auswägung aller Rücksichten zum eigenen Vorteil des Gutsbesitzers gereicht.“

Diese Bestimmungen, die zur Karakteristik der in den leitenden Kreisen herrschenden Anschauungen über diese gutsherrlichen Verhältnisse nicht uninteressant sind, waren für die Gutsbesitzer selbst nicht sehr einladend. Eine nennenswerte Entwicklung in diesen Verhältnissen trat deshalb erst ein, als das Gesetz v. 28. Dez. 1831 zu Stande gekommen war. Nunmehr ward bei Verzichtleistung auf die gesammte Gerichtsbarkeit für die gesetzmässigen Taxerträgnisse Entschädigung geleistet, nach Durchschnittsberechnung der Taxanfälle aus den letzten 10 Jahren nach Abzug von 1/3 für die Verwaltungskosten; dem verzichtenden Gutsherrn verbleiben die bei den grundherrlichen Verhältnissen vorkommenden Taxen und die Scharwerke, auch wenn diese letzteren gerichtsherrliche waren, jedoch sollen die Pflichtigen das Recht haben, dieselben nach den für die Scharwerkspflichtigen des Staates bestehenden Normen abzulösen.

Nachdem so lange Jahrzehnte hindurch kein nennenswerter Fortschritt in all diesen Verhältnissen eingetreten war — „die 30 jährige Erfahrung hat gezeigt, dass auf das freiwillige Übereinkommen der Privaten zur Beseitigung dieser Übelstände nicht gerechnet werden könne“, heisst es in den Motiven zu dem gleich noch näher zu besprechenden Gesetzentwurf vom Frühjahre 1848 [1] —, wurden die langgewünschten Reformen durch die Bewegung des letztgenannten Jahres mit verblüffender Schnelligkeit herbeigeführt.

Die Münchener Vorgänge vom Februar 1848 sind bekannt, ebenso die Stimmung, die dadurch im ganzen Lande herbeigeführt oder richtiger gesagt zum Ausbruche veranlasst wurde; denn wenn nicht diese tiefgehende Erbitterung von langer Zeit her sich in weitem Umfange angesammelt hätte, wären die Ereignisse des Frühjahres 1848 überhaupt nicht zu begreifen. An zahlreichen Orten, insbesondere im Fränkischen, kam es zu bedauerlichen Ausschreitungen [2]), die jedoch überall schnell wieder unterdrückt wurden. Die Frucht dieser allgemeinen Bewegung war eine Flut von Adressen an den König und an die Ständekammern, namentlich nachdem die Proklamation vom 6. März mit der Erklärung, „die

[1] Nach einer Zusammenstellung von Hermann, Die Ernten im Königreiche Bayern, Seite 7 waren unmittelbar vor der Ablösung im Jahre 1848 noch 8,3 Millionen Tagwerk im grundherrlichen Verbande (davon gegen 5 Millionen dem Staate, 1 Million den Stiftungen und Kammern, gegen 2 Millionen einzelnen Privaten gehörig). Die oben erwähnten Motive aber schätzen die Grundgefälle, „zurückgeführt auf fixe Reichnisse“, annähernd auf 7,1 Mill. Gulden beim Staate, 3,15 Mill. bei den Stiftungen, 3,26 Mill. bei den Privaten und 180000 bei den Gemeinden.

[2] Vgl. die kleine Druckschrift „Die Bewegungen in Franken und die Gutsherrn“ (ohne Jahr und Ort, jedenfalls noch im Frühjahr 1848 erschienen). Die ganze Bauernbewegung in einem einzelnen südbayrischen Landesteile, im „Riess“ (bei Nördlingen), hat kürzlich eine sehr interessante Darstellung gefunden in einer Abhandlung von Prof. Dr. Ludwig Müller, Beiträge zur Geschichte des Bauernkrieges im Riess und seinen Umlanden (Ergänzungen, 5: Die bäuerliche Erhebung im Riesse 1848), in der Zeitschrift des Historischen Vereins für Schwaben und Neuburg, J. 1890 und 1891, wie auch in Sonderabdruck erschienen.

Wünsche seines Volkes hätten im Herzen des Königs jederzeit Widerhall gefunden", die allgemeinen Hoffnungen und Erwartungen auf das Höchste gesteigert hatte.

In den städtischen Gemeinden standen bei den Versammlungen wie bei den Adressen erklärlicher Weise die anderweitigen politischen Forderungen, Abänderung des Wahlrechts, Ministerverantwortlichkeit, Pressfreiheit, vollständige Trennung von Justiz und Verwaltung, Schwurgerichte, Schaffung eines deutschen Parlaments u. s. w. im Vordergrunde, ohne dass aber auch hier die Beseitigung der Grundherrlichkeit vergessen wurde. So wird z. B. auch in der „Adresse der Bürger und Einwohner Münchens" an die Kammer der Abgeordneten, die in der Sitzung vom 6. April zur Verlesung kam, als 12. unter 13 Postulaten die „Befreiung des Grundbesitzes von den drückenden Lasten, die Entfernung aller Vorrechte, welche die Kraft der Verwaltung schwächen, die Rechtspflege gefährden und den Wohlstand des Volkes verkümmern", aufgeführt. In den mit Tausenden von Unterschriften bedeckten Adressen aber, die von der Landbevölkerung der verschiedensten Landesteile ausgingen, wird ausschliesslich oder doch an erster Stelle die „Entfesselung der Person und des Eigentums von dem schwer lastenden Drucke der gutsherrlichen Tyrannen", der „Zwischen-Souveräne", gefordert. Hier werden die Missstände bezüglich der grundherrlich-bäuerlichen Verhältnisse natürlich mit den schwärzesten Farben geschildert. Die verfassungsmässige persönliche Freiheit werde durch die polizeiliche Willkür der gutsherrlichen Ämter mit Füssen getreten. Die gutsherrliche Gerichtsbarkeit und Polizei werde nach wie vor durch massloses Sportuliren zur Geldquelle gemacht, ohne Rücksicht auf die Wohlfahrt der Gesamtheit und des Einzelnen. Über die Frage, in welchem Gerechtigkeitsverhältnisse ein Gut sich befinde, seien zahllose und langwierige Prozesse herbeigeführt worden. [1]) Das Grund-

[1] „Man behaupte, die Mehrzahl der Besitzungen sei leibfällig, und das Anrecht auf dieselben endige mit dem Tode des Besitzers. Wage es ein Grundhold, diesen Ansprüchen entgegenzutreten, so habe er einen Prozess von der Dauer eines Vierteljahrhunderts und damit

eigentum sei vielfach gegen alles Verhältnis belastet. Es kämen selbst noch Gefälle vor, die ihrer Natur nach zu den Lasten der Leibeigenschaft gehörten, das Besthaupt, das Ein- und Abzugsgeld u. s. w. Trotz der ausdrücklichen Bestimmungen der Verfassung würden noch immer ungemessene Frohnen, besonders Jagd- und Spanndienste verlangt, sodass die eigene Wirtschaft von den Grundholden vernachlässigt werden müsse.

Eine der massvollsten und klarsten dieser Petitionen, soweit solche dem Verfasser dieser Arbeit bekannt geworden sind, war die aus dem Herrschaftsgerichte Wallerstein, die in einer Volksversammlung vom 11. März gebilligt wurde, und in der folgende Forderungen aufgestellt sind: „1. Die Aufhebung der grundherrlichen Gerichtsbarkeit; 2. eine administrative Untersuchung der Zustände nnd alsbaldige Beseitigung aller Lasten, die im Widerstreit mit den bisherigen Verfassungsgesetzen beständen; 3. eine gesetzliche Umwandlung des angesprochenen Leibrechts und der Herrengunst in Erbrecht, ohne Entschädigung des Grundherrn, und zwar unter Niederschlagung aller hierauf bezüglichen Prozesse; 4. gesetzliche Aufhebung aller Feudallasten, soweit solche nicht streng auf der Grundbarkeit ruhten; 5. gesetzliche Aufhebung aller Frohnden ohne Entschädigung der Grundherrn; 6. gesetzliche Möglichkeit der Ablösung aller grundherrlichen Lasten auf Seite des Grundholden nach dem für die königlichen Grundholden bestehenden Massstabe; die dazu nötigen Mittel sind durch ein demnächst vorzulegendes Gesetz zu beschaffen." [1]). In andern ländlichen Petitionen wurde insbesondere noch die Aufhebung der Siegelmässigkeit, Gleichstellung des Adels in Bezug auf die Militärpflicht und Besetzung der Stellen im Heere, Einschränkung der Familien-Fideikommisse, Aufhebung der Privilegien wegen Licenz-

den Verlust seines Vermögens zu gewärtigen. Unter der Last von 600 solcher Prozesse seufze selbst der Gerichtshof von Schwaben und Neuburg." So in einer Petition aus dem Herrschaftsgerichte Wallerstein, vgl. Müller, a. a. O. S. 280.

[1] Müller, a. a. O. S. 280.

erteilung bei Verehelichung, Ansässigmachung und Konzessionsgesuchen, Aufhebung der Patronat- und Präsentationsrechte in Bezug auf Kirche und Schule, sowie allgemeine Konkurrenzpflicht der Gutsherrn zu allen Gemeindelasten gefordert.

Nun folgten sich die Ereignisse Schlag auf Schlag. Zu Anfang März hatte der König, dem allgemeinen Wunsche entsprechend, Thon-Dittmer in das Ministerium berufen, von dem dann auch der Entwurf des Ablösungsgesetzes gezeichnet ist. Der bereits veröffentlichte Beschluss des Königs, wonach die Abgeordnetenkammer aufgelöst, Neuwahlen angeordnet und ein ausserordentlicher Landtag auf den 31. Mai einberufen wurde, ward nach stürmischen Vorgängen in München zurückgezogen und die Kammern wurden schon auf den 16. März einberufen. Bereits am 17. März geschah der erste Schritt der Regierung, um dem allgemeinen Verlangen entgegenzukommen: Der König erliess eine Verordnung, durch welche „unsere Verordnung vom 21. April 1840, die Ablösung des Handlohns und anderer gutsherrlichen Gefälle des Staates betreffend, ausser Wirkung gesetzt, und die Ablösung der ständigen Dominikalgefälle sowie des Handlohns nach den Bestimmungen unserer früheren Verordnungen vom 13. Februar 1826, die Ablösung der ständigen Dominikalgefälle betr., dann vom 19. Juni 1832 die Fixirung und Ablösung des Handlohns betr., wieder ungehindert gestattet wird."

Inzwischen war man in der Regierung eifrig an der Arbeit, den Entwurf eines Grundentlastungsgesetzes auszuarbeiten, und in einer Entschliessung des Ministeriums, die unter dem 19. März auf die obenerwähnte. am 14. März in München überreichte Wallensteiner Petition erging, wurde in Aussicht gestellt, dass alsbald Gesetzentwürfe im Sinne der Eingabe, zur Fixirung und Ablösung der Zehnten und grundherrlichen Lasten an die Stände in Vorlage kommen würden. Dieser Gesetzentwurf war in der ersten Woche des April fertiggestellt, wurde aber nach einer Beratung des Gesamtministeriums vom 10. April einer gründlichen Umarbeitung unterzogen; trotzdem konnte er, nach wiederholten Beratungen sämtlicher Ministerien und des Staatsrates, doch bereits am

19. April nebst einem Gesetzentwurfe betreffend die Ablöung des Lehenverbandes in der Sitzung der Abgeordnetenkammer vorgelegt werden.

Die wesentlichsten Bestimmungen, die von der Regierung in diesem Gesetzentwurfe vorgeschlagen wurden, und die Hauptgesichtspunkte der dem Entwurfe beigegebenen Motive sind im Nachstehenden kurz zusammengefasst.

Die Regierung geht von der Thatsache aus, dass in Bayern noch „mannigfaltige Rechte von Privaten bestehen, die teils dem Pflichtigen grössere Nachteile auferlegen als sie dem Berechtigten Nutzen bringen, oder ihm Befugnisse einräumen, die in einem Staate von gleichberechtigten Bürgern unstatthaft sind, teils die Verwaltung erschweren und Verbesserungen derselben hindern, endlich auch zu manchen Missständen bezüglich der Erhebung von Abgaben führen. Dann ruhen auf dem Boden sehr viele Abgaben, die zum Teile die Landwirtschaft erschweren und der freien Verfügung über das Eigentum im Wege stehen; insbesondere wird die Bewirtschaftung durch die unständigen Abgaben beeinträchtigt, die Unablösbarkeit der Grundlasten aber hindere die möglichst vorteilhafte Disposition über das Eigentum und veranlasse unzählige Verwickelungen."

Es wird daher vor Allem die standes- und gutsherrliche Gerichtsbarkeit aufgehoben, und zwar ohne Entschädigung der Berechtigten, — „weil sie bei gewissenhafter Beschränkung auf die Taxordnung nur in grösseren Gerichtsbezirken einigen Reinertrag abwarf, in den meisten Fällen aber Zuschüsse aus dem Ertrage der berechtigten Güter veranlasste." Sie hat mit dem 1. Juli 1848 aufzuhören, und von diesem Tage an werden die standes- und gutsherrlichen Gerichtsbeamten und Diener sowie die Pensionen aus pragmatischen Anstellungen solcher Beamten unter den am 12. April 1848 gegebenen Bedingungen und Pensionsnormen vom Staate übernommen. Die Aufhebung der gutsherrlichen Patronatsrechte, die „mit der Auflösung aller guts- und gerichtsherrlichen Verhältnisse folgerichtig auch aufhören müssen", und die Regelung der auf denselben haftenden Lasten bleiben einem besonderen Gesetze vorbehalten.

Weiter werden ohne Entschädigung aufgehoben: alle Naturalfrohndienste, gemessene und ungemessene, „wegen ihres geringen Wertes für die Berechtigten, ihrer Gehässigkeit und des grossen Verlustes, den sie durch unwirtschaftliche Anwendung der Arbeit dem Pflichtigen und der Nation im Ganzen bringen;“ das Mortuarium — „weil es in sehr vielen Fällen auf Leibeigenschaftsverhältnisse zurückdeutet und an sich eine Steuer vom Unglücke ist“; der Blutzehent „weil er jeder Verbesserung der Viehzucht entgegensteht und an sich von geringem Belang ist“; der Neubruchzehent — „weil er der Erweiterung der Bodenkultur entgegensteht und mindestens den Preis der Produkte zum Nachteil der Konsumenten steigert“; endlich alle rein persönlichen, nicht auf Grund und Boden haftenden Abgaben an den Grund- und Gerichtsherrn[1]: „die Aufhebung von rein persönlichen, weder im grundherrlichen Verbande noch in der Taxordnung begründeten, grösstenteils unbefugter Weise beibehaltenen Abgaben bedarf keiner weiteren Rechtfertigung.“

Alle unständigen Gefälle und Zehenten, dann alle Besitzänderungsabgaben müssen sofort in eine jährliche unveränderliche Abgabe von den pflichtigen Grundstücken umgewandelt werden, wobei natürlich alle über solche Umwandlung bereits rechtsgiltig geschlossenen Verträge in Kraft bleiben. Was zunächst den Zehent betrifft, so ist er ein Hindernis gegen jede Verbesserung der Bodenbewirtschaftung, da er den Gewinn schmälert, den der Landwirt von den zur Bodenverbesserung gemachten Kapitalsanlagen erwartet, er

[1] Als Beispiele hiefür waren in dem Entwurfe des Gesetzes aufgeführt „die Kanon- und Ordinari-Steuer, die Kleinhandlöhne, Handlohnsgebühren, die Zehentatzungsgelder, Zehentpacht-Ratifikationsgebühren, Gebühren für Erteilung gutsherrlicher Konsense, die Kammersteuern, Reutersteuern und Reuteranlagen, das Meistergeld, Wandergeld, Bürgergeld, Judenbegräbnisgeld, Kleppergeld, Gansgeld, Hundefütterungsgeld, Adulterien und Fornikationsstrafen, das Ungenossenrecht, die Nachsteuer, das Rezeptions-, Herbergs- und Schutzgeld, namentlich der Juden, die Gewerbs-Rekognition, das Einzugsgeld, Siegelgeld, Herdgeld.“

veranlasst zahlreiche Veruntreuungen und Verluste, er „führt auch zu Berührungen des Zehentherrn mit den Pflichtigen, die insbesondere der Stellung der Geistlichen wenig angemessen sind.“ Die so begründete Fixierung des Zehenten hat in der Weise zu erfolgen, dass der wirkliche Ertrag des Zehenten, wie er sich durch Sammlung oder Verpachtung rechnungsmässig ergeben hat, aus den 18 Jahren von 1828 bis 1845 festgestellt wird; von diesem rohen Zehentertrage werden alle nach Gesetz, Vertrag oder Herkommen bisher dem Zehentberechtigten obgelegenen Lasten und Arbeiten bei der eigenen Einbringung sowie auch die Ausgaben bei der Verpachtung bis zur Herstellung beziehungsweise bis zum Empfange der verkäuflichen Früchte nach genauer Ermittlung und Schätzung abgezogen, der jährliche Durchschnitt aus den so festgestellten Zehenterträgnissen bildet die künftige fixierte Jahresabgabe. Das aus dem Obereigentum entspringende Recht der Erhebung einer Besitzänderungsabgabe nach Prozenten des Wertes der Grundstücke, über das insbesondere allgemein geklagt wird, ist ebenfalls ein Hindernis der Bodenverbesserung, da es „ökonomisch betrachtet, wie der mit den Verbesserungen der Wirtschaft steigende Vorschuss oder Nachzahlung eines Pachtzinses auf die Dauer des Besitzes erscheint“; besonders nachteilig erscheint dabei die Ungleichheit der Besitzdauer, die dieses Recht zu einer „die Vermögensverhältnisse der Grundholden oft zerrüttenden Wette auf das Leben des Pflichtigen“ macht. Als Äquivalent dieses Rechtes wird bei Erbrecht und bei der Freistift („die, obwohl streng betrachtet ein weit schwächeres Recht als das Erbrecht, doch faktisch demselben sehr nahe kommt“) der $1^1/_2$fache, bei Leibrecht und Neustift der doppelte Betrag des letzten einfachen Handlohns festgesetzt und dieses Äquivalent ist bei der nächsten Besitzänderung nach Erlass dieses Gesetzes fällig; damit konsolidiert sich das Eigentum in der Person des Grundholden, der dabei die der bisherigen Dominikalsteuer entsprechende Grundsteuer vom Handlohn übernimmt; weiterhin vom Erscheinen dieses Gesetzes ab darf keine Verleihung unter dem Vorbehalte des Obereigentums mehr stattfinden. Die Holzrechte endlich, die von den auf den Forsten ruhenden Servituten besonders für die Bewirtschaftung hinderlich sind, und Anlass zu vielen Verwicklungen geben, werden nach dem Durchschnitte der letzten 10 Jahre beziehungsweise nach sachverständiger Abschätzung fixiert und nach dem Durchschnitt der Holzpreise des letzten Jahrfünfts zu Geld veranschlagt.

Eine fixierte Abgabe legt der Bodenbewirtschaftung kein weiteres Hindernis in den Weg, da jede Vermehrung des Reinertrages ganz dem Besitzer zufliesst. Sie bietet überdies den weniger Begüterten gerade so wie die Übernahme eines auf Realitäten hypothekarisch sichergestellten Darlehens die Möglichkeit, ein grösseres Anwesen zu kaufen. Immerhin aber ist sie eine Beschränkung in der bestmöglichen Anwendung des Vermögens und veranlasst daher vielfach Unzufriedenheit, die Erhebung ist mit mancherlei Beschwerden und Kosten verbunden, und manche Ersparnisse werden verhindert, die man zur Ablösung machen würde, wenn dieselbe möglich wäre. „Die Staatsregierung hat dies wohl erwogen, aber auch zugleich die Grundsätze des Rechts und der Billigkeit im Auge behalten. Während sie daher einerseits den in Preussen, Hannover und bisher für Ablösung der Staatsrenten in Bayern bestandenen Massstab des 25fachen Betrages der fixen Rente gegenüber dem gegenwärtigen, eher über als unter 5 Prozent stehenden Leihzins für zu hoch hält, durfte sie auch nicht unter einen diesem Zinsfusse entsprechenden Ablösungswert herabgehen, ohne die Berechtigten allzu sehr zu verletzen. Sie hat daher den in Baden und im Grossherzogtum Hessen seit längerer Zeit angenommenen 18fachen Betrag als Ablösungsmassstab in den Entwurf eingestellt, wobei der Ablösende die Grundsteuer von der Dominikalrente übernimmt; diese Dominikalsteuer betrug bisher etwa $7^1/_2$ Prozent der Rente, sie beträgt also zu Kapital angeschlagen fast $1^1/_2$mal die einfache Rente, sodass die wirkliche Ablösungssumme sich auf nahezu den $19^1/_2$fachen Betrag der fixierten Rente erhebt.“ Bei dem grossen Umfange der Grundrenten ist aber an eine sofortige baare Entrichtung nicht zu denken, diese wird nur zur Ablösung der Bodenzinse, für welche ein bestimmtes Kapital auf die pflichtigen Realitäten bereits hypothekarisch vorgemerkt ist, festgehalten. Im Übrigen aber kann die Aufkündung weder den Berechtigten zugestanden werden, da sonst eine bedenkliche Steigerung des Zinsfusses zu befürchten wäre, noch auch den Pflichtigen allein, welch' Letzteres eine ungerechte einseitige Erleichterung derselben wäre; dazu kommt, dass nach Aufhebung der Gerichtsbarkeit den Berechtigten durch die Erhebung viele Mühen und Kosten entstünden. Es ist daher angezeigt, dass der Staat die sämtlichen Grundrenten übernimmt und die Berechtigten dann auf Staatsrechnung entschädigt werden. Diese Entschädigung soll im 20fachen Betrage der Rente erfolgen, und zwar in 4prozentigen Ablösungsschuldbriefen nach dem Nennwerte, die in runden Summen (1000, 500, 100 und 25 Gulden) auf Namen oder Inhaber ausgestellt werden. Wer nun dem Staate infolge der Übernahme von Grundrenten oder ursprünglich eine fixierte jährliche Grundabgabe schuldet, hat fortan statt derselben nur den 4prozentigen Zins des für dieselbe normierten Ablösungskapitals, also statt 100 Gulden Grundabgabe nur 72 Gulden Zins aus dem jenen 100 Gulden entsprechenden Ablösungskapital zu entrichten. Will der Pflichtige das Ablösungskapital durch Annuitäten abtragen, so zahlt er entweder seine ganze bisherige Grundabgabe 34 Jahre lang oder $^{9}/_{10}$ derselben 43 Jahre lang, nach dieser Frist ist er dann jeder weiteren Verpflichtung enthoben und die Ablösungssumme getilgt. Auch darf der Pflichtige während dieser Zeit nach Belieben die bereits eingezahlten Tilgungsraten samt Zinseszinsen durch einmaligen Baarerlag des Restes seines Ablösungskapitals ergänzen. Das ganze Ablösungskapital, die jährlichen Tilgungsraten und etwaige Restzahlungen können in Ablösungsschuldbriefen nach dem Nennwerte entrichtet werden. Von den Ablösungsschuldbriefen wird jährlich, den von den Pflichtigen eingehenden Summen entsprechend, ein Teil nach dem Loose durch Baarzahlung nach dem Nennwerte getilgt. Für das ganze Ablösungsgeschäft wird bei der Schuldentilgungsanstalt eine Ablösungskasse errichtet, die unter Mitaufsicht ständischer Kommissare nach den Bestimmungen des Gesetzes zu verfahren hat.

Bei solcher Festsetzung, so führen die Motive schliesslich aus, gewinnt der Pflichtige; bei Zugrundelegung von 5 Prozent ist es, als ob statt des 18fachen nur das 14fache der bisherigen Grundabgabe auf dem Grundstücke hafte. Die Berechtigten aber verlieren an Zins, solange der Leihzins über 4 Prozent steht, sie ersparen aber die Erhebungskosten, können freier über die Kapitalien verfügen, — „und auch der allgemeine Widerwille gegen alle grund- und zehentherrlichen Abgaben begründet billiger Weise ihrerseits einen Nachlass." Im Ganzen würde sich die Sache folgendermassen berechnen: Bei den vom Staate zu übernehmenden Grundrenten im Betrage von rund 6½ Millionen Gulden würden die Pflichtigen jährlich 1,8 Millionen gewinnen und die Berechtigten jährlich 1,3 Millionen verlieren, ebenso verliert der Staat rund eine halbe Million, die er mehr an die Berechtigten zu zahlen hat, als er von den Pflichtigen empfängt; ausserdem würde der Staat an seinen eigenen Renten im Betrage von über 7 Millionen rund 2 Millionen verlieren, sodass also etwa 2½ Millionen fortan durch Steuern zu decken wären. Der Gewinn aller Grundrentenpflichtigen endlich würde sich auf rund 4 Millionen Gulden berechnen, 2 Millionen beim Staate, 1⅘ Millionen bei den Privaten, Stiftungen und Gemeinden, endlich mindestens 200000 Gulden durch die gänzliche Aufhebung der Frohnden und der rein persönlichen Abgaben.

Nach der Stimmung, die in den beteiligten Kreisen herrschte, war es von Anfang an ausser Zweifel, dass die Vorlage der Regierung, wenn auch nicht ohne heftige Bekämpfung, so doch ohne tiefeinschneidende wesentliche Abänderungen angenommen werden musste.

Soweit die bürgerlichen und bäuerlichen Kreise in Betracht kamen, war die Stellungnahme von selbst gegeben. Eine gefährliche Gegnerschaft war nur seitens der Grossgrundbesitzer, also vor Allem seitens des grundbesitzenden Adels, sowie seitens der Kirche zu befürchten.

In den Reihen des ersteren war sich die weit überwiegende Mehrheit völlig darüber klar, dass die beabsichtigte Reform zu einer unabweisbaren Notwendigkeit geworden war.

Nur eine kleine Minderheit beharrte bei einer prinzipiellen scharfen Ablehnung der ganzen Vorlage, im Übrigen war man zur Annahme des Gesetzentwurfes in den grossen Zügen bereit, und die Opposition beschränkte sich auf mehr oder minder wichtige Einzelheiten.

Wie weit in diesen Kreisen eine entgegenkommende Stimmung vorhanden war, ergibt sich aus der Thatsache, dass Mitte März sich in München das Gerücht verbreiten konnte, die sämtlichen adeligen Mitglieder der beiden Kammern hätten sich dahin vereinbart, die Patrimonialgerichtsbarkeit gegen Übernahme der Beamten ohne Anspruch auf weiteres Entgelt an den Staat abzutreten, und auf alle Jagdfrohnden zu verzichten.[1] Dieser oder ein ähnlicher gemeinsamer Schritt ist nun allerdings nicht geschehen. Wohl aber wurde in der unter dem 26. März überreichten Adresse der Reichsratskammer an den König unter Anderem ausgesprochen, dass „die Kammer der Reichsräte in der Ablösung der Grundlasten auf gesetzlichem Wege ein dringendes Bedürfnis der Zeit erkenne“, und dass sie „derselben mit den übrigen durch die Verfassung mit gleichen grundherrlichen Rechten begabten Privaten und Korporationen entgegenzukommen bereit sei“. Und wenigstens einzelne hervorragende Mitglieder des Adels entschlossen sich noch vor Einbringung der Regierungsvorlage, auch thatsächlich den Forderungen der Zeit entgegenzukommen: der Präsident der Reichsratskammer, Fürst von Leiningen, stellte dem Könige in einem vom 11. April datierten Schreiben alle Rechte und Privilegien zur Verfügung, welche ihm das Edikt über die staatsrechtlichen Verhältnisse der vormaligen Reichsunmittelbaren zusicherte (also alle Gerichtsbarkeit, Polizei, Forstjurisdiktion, Kirchen- und Schulpatronat, privilegierten Gerichtsstand und das Recht der Siegelmässigkeit), und wenige Tage darnach folgte der Standesherr und erbliche Reichsrat Graf von Giech mit einer an das Ministerium gerichteten Erklärung, er wolle „auf alle Vorzüge und Rechte

---

[1] Vgl. Allgemeine Zeitung 1848 Seite 1265 (Korrespondenz aus München vom 19. März).

verzichten, welche der Gestaltung einer neuen Ordnung im Vaterlande entgegentreten könnten." [1]

Bei den Verhandlungen der Reichsratskammer über den Gesetzentwurf traten Männer wie die Grafen Montgelas, Armannsperg, Giech und Reigersberg, sowie die Fürsten Hohenlohe [2] und Wallerstein mit grosser Entschiedenheit für die vorgeschlagene Reform ein, und die gleichen Persönlichkeiten waren, als später die Rückäusserung der zweiten Kammer zur Beratung stand, mit allen Kräften bemüht, eine Einigung zwischen den beiden Kammern und damit das Zustandekommen des Gesetzes herbeizuführen. Bemerkenswert ist auch, dass bei der ersten Abstimmung der Reichsratskammer über den Gesetzentwurf die Vorlage mit 31 gegen 6 Stimmen angenommen wurde; unter diesen letzteren aber waren die Erzbischöfe Urban und Graf Reisach von Bamberg und München, der Bischof Richarz von Augsburg, und dann die drei Grafen Arco-Valley, Karl und August Leinsfeld.

Endlich verdient hier noch erwähnt zu werden, dass auch litterarisch Mitglieder des hohen Adels in einem Sinne

---

[1] Vgl. Allgemeine Zeitung 1848 Seite 1665 und 1729 (14. und 18. April).

[2] Gerade die Rede des Fürsten Hohenlohe in der Generaldebatte der Reichsratskammer ist so bezeichnend, dass ihr wesentlicher Inhalt hier wiedergegeben werden mag: „Ich selbst habe sie (die Ablösung) seit Jahren gewünscht. Die Einleitungen, die ich deshalb bei mir getroffen habe, sind an der Ungunst der Verhältnisse gescheitert. Deshalb habe ich mich überzeugt, dass die Zwangsablösung nötig sei. Ich verkenne nicht die Rechtsverletzung, die in dem Gesetze liegt, ich erkenne sehr wohl die sozialen Umwälzungen, die das Gesetz zur Folge haben wird. Allein die Zeit fordert nicht das Gesetz, nein, sie führt es mit sich in ihrem unaufhaltbaren Strome, der uns mit fortzureissen droht. Was diese grosse Zeit, die Zeit der Macht und Einheit Deutschlands, der wir entgegengehen, was sie an grossen Opfern fordert, das werde ich, das wird der Adel gern und mit Freuden geben, wenn es dem Volke Nutzen bringt. Ich vertraue der Zukunft, dass sie für die Übelstände, welche dies Gesetz in die soziale Ordnung einführen mag, auch die Heilmittel bieten wird. Ich begleite den Gesetzentwurf mit dem herzlichen Wunsche, er möge dem deutschen Vaterland zum Heile gereichen." (Verhandlungen der Kammer der Reichsräte, Band 3 Seite 92).

thätig waren, der den „Forderungen der Zeit“ weitgehend Rechnung trug. Noch vor Einbringung des Gesetzentwurfes in der Abgeordnetenkammer liess ein Graf von Seinsheim eine Broschüre erscheinen,[1] in der er die Ablösung von gehässigen und die Bodenkultur hemmenden Lasten für beide Teile, Pflichtige und Berechtigte, als wünschenswert, die Ablösung der Gülten und fixierten Zehenten, überhaupt aller bestimmten Getreideabgaben dagegen prinzipiell für nachteilig hält, da gerade in Missjahren nur der Grundherr durch grosse Opfer es ermöglicht habe, den Grundholden vor Hunger zu schützen. Er geht aber gar nicht näher auf diese Hauptfrage ein, für ihn ist die Ablösung „aller den Grund und Boden drückenden Lasten und Fesseln eine Lebensfrage der Zeit“, bei der es sich nur mehr um die möglichst praktische und zweckmässige Durchführung handeln könne. Und solche, in der That sehr praktische Vorschläge namentlich wegen Einrichtung des Ablösungsgeschäftes durch den Staat sind es denn, auf die sich die kleine Schrift beschränkt. Als dann der Gesetzentwurf eingebracht war, veröffentlichte Fürst Wallerstein eine Flugschrift,[2] in der er den Entwurf einer kritischen Würdigung unterzieht. Der Entwurf geht ihm viel zu weit. Als „Bestrebungen, denen Rücksichten des öffentlichen Wohles zur Seite stehen und welche auf eine das Prinzip der Eigentumssicherheit nicht verletzende Weise realisiert werden können“, erscheinen ihm: die Stättigung (Fixation) der unständigen Grundlasten, die Eröffnung freier Bewegung bezüglich einer verbesserten Bodenbenützung und der ungeschmälerte Genuss des infolge der höheren Intelligenz und Thätigkeit des Landmannes entstehenden Gewinnes, freiere Bewegung bezüglich der Veräusserung oder Verteilung der Güter, Ablösung jener Leistungen, welche die Arbeitskraft des Bauern gerade in der Zeit beanspruchen, in der er sie

[1] „Zur Ablösungsfrage in Bayern“, von Max Erkinger Graf von Seinsheim, Würzburg, Druck von Friedrich Ernst Thein, 1848.

[2] „Zur Verständigung in der Bodenentlastungsfrage (Ablösungs-Frage) von K. O. W. (Fürst Wallerstein), München, 1848, Druck von Joh. Georg Weiss.

für sich selber am notwendigsten braucht, endlich die „Möglichkeit, das Nutzeigentum zu allodifizieren, das heisst das Obereigentum und die Gefälle abzulösen, wenn die eigenen Kräfte oder genügender Kredit die Mittel zur Ablösung darbieten.“ Diesen Ansichten entsprechen die folgenden Anträge, die er dem Gesetzentwurfe gegenüberstellt: Ohne Entschädigung dürfen überhaupt keine begründeten Rechte und Gefälle aufgehoben werden; es soll Fixation der Zehenten und Umwandlung der Frohnden in Geldabgaben durchgeführt werden; die nicht auf dem Grund und Boden haftenden rein persönlichen Abgaben soll der Staat entschädigen; man soll sich auf Feststellung der Normen beschränken, unter welchen der im Besitze der nötigen Mittel befindliche Pflichtige berechtigt sein soll, alle Gefälle abzulösen; der im Entwurfe vorgeschlagene Entschädigungsmassstab ist zu niedrig; man darf den Berechtigten nicht zwingen, sich mit Staatspapieren oder Annuitäten bezahlen zu lassen; nach der Fixation der Gefälle sollen die Grundherren dem eigentlichen Obereigentum entsagen, und ihnen die Gefälle auf den bisher grundbaren Objekten nur in der Eigenschaft von Grundlasten gesichert werden; will man aber doch eine sofortige allgemeine Ablösung aller Geld- und Naturalgefälle befehlen, so müssen die zu entwehrenden Rechte wenigstens auf dem grundbaren Boden solange gesichert bleiben, bis das Ablösungskapital voll bezahlt ist. Auch hier ist also alles eher denn ein schlechtweg ablehnender Standpunkt gegenüber der bevorstehenden Reform eingenommen. Bemerkenswert ist dabei, dass hier nirgends wieder der Vorschlag auftaucht, die Ablösung in der Form von Abtretung von Grund und Boden zu bewerkstelligen.

Ungleich entschiedener war der Widerspruch, den der Gesetzentwurf bei dem Klerus fand.

Von dieser Seite wurde noch mehr, als auch sonst in der ganzen Bewegung vielfach geschah, die beabsichtigte Reform mit dem Einwande bekämpft, das in Aussicht genommene Gesetz bedeute einen schweren Rechtsbruch und sei geeignet, das im Volke vorhandene natürliche Rechtsgefühl auf das Tiefste zu erschüttern.[1]

Hauptsächlich aber wurde natürlich die schwere materielle Schädigung betont, welche das neue Gesetz für den Staat selbst, für den Adel und die sonstigen privaten Grundbesitzer, vor Allem aber für die Kirche und die Stiftungen unfehlbar nach sich ziehen werde.[2] Für den Staat bedeute die Ablösung der Grundgefälle die Verschliessung seiner „sichersten, bleibenden, der nie versiegenden und nie in ihrem Grunde zu veruntreuenden Lebensquelle", und es werde ihm in Notjahren nie wieder möglich sein, hülfreich einzugreifen. Der Adel werde zum Teil in seiner Existenz bedroht. Die Stiftungen, die allesamt auf Dominikalgefällen beruhten, würden auf das Ärgste angegriffen und verkümmert werden. Für die Kirche aber bedeute der Gesetzentwurf nichts Geringeres als den zweiten und schlimmeren Teil der Säkularisation: bei der grossen Säkularisation zu Beginn des Jahrhunderts habe man doch wenigstens das Gut der Pfarrkirchen und Pfarreien unberührt gelassen, jetzt solle dieser von uralten Zeiten her garantierte Besitz der Kirche angetastet werden. Eine unbeschreibliche Verwirrung müsste diese Ablösung des Kirchengutes herbeiführen, denn von ihm bezögen die Lehrer grossen-

---

[1] Gegen diesen Einwand wendete sich besonders der Reichsrat von Maurer, indem er am 20. Mai bei der Generaldebatte in der Reichsratskammer u. a. ausführte: „Man spricht von verletztem Rechtsboden, von verletzter Verfassung. Ich kann diese Ansicht nicht teilen. Wenn die Staatsregierung sich herausnehmen wollte, alle diese Rechte ohne Zuziehung der Stände zu nehmen, dann wäre eine Rechtsverletzung vorhanden, dann wäre der Titel IV § 8 verletzt worden. Denn die Staatsregierung darf keine unter Garantie der Verfassung stehenden Rechte nehmen. Allein dies thut sie ja nicht. Sie bringt vielmehr eben deshalb ein Verfassungsgesetz ein. Sie will eben deshalb, weil dieser Titel IV § 8 besteht, mit Zustimmung der Stände die Verfassung abändern". (Verhandlungen der Kammer der Reichsräte des Königsreichs Bayern vom Jahre 1848. Amtlich bekannt gemacht. III. Band. Seite 95 f.).

[2] Am schärfsten sind die von klerikaler Seite ausgehenden Angriffe zusammengefasst in der grossen Rede des Abgeordneten Pfarrer Ruhland, welche dieser in der Abgeordnetenkammer bei der Generaldebatte über den Entwurf am 8. Mai gehalten hat — Verhandlungen der Kammer der Abgeordneten, Band 3 Seite 261 ff.

teils ihre Naturalbesoldung und vielfach hätten die Pfarreien von ihrem Zehent an Stiftungen abzugeben; eine Umwandlung in Geldbesoldung aber könne nur der befürworten, der die Lebensverhältnisse auf dem Lande von denen in der Stadt nicht zu unterscheiden wisse. Ganz besonders beunruhigte in diesen Kreisen die Absicht, alle Gefälle an den Staat übergehen zu lassen und die Berechtigten mit Staatspapieren zu entschädigen.

Seinen stärksten Ausdruck fand dieser von geistlicher Seite ausgehende Widerstand in einer Eingabe, die unter dem 11. April von dem Münchener „Erzbischöflich geistlichen Rate“ an den König gerichtet wurde.[1]) Diese in der Form sehr massvoll gehaltene Kundgebung verwahrt sich zunächst gegen die Annahme, sie wolle etwa „den unaufhaltsamen Forderungen der Zeit durch starre Festhaltung des bisherigen Besitzstandes auch mit Gefährdung des allgemeinen und öffentlichen Wohles einen nutz- und erfolglosen Widerstand entgegensetzen“; sie beabsichtige vielmehr nur, „jene besonderen Gründe auszusprechen, welche eine billige Behandlung der Kirchenstiftungen und eine gerechte und volle Entschädigung derselben in besonderer Weise motiviren, falls die Umwandlung der grundherrlichen Reichnisse wirklich zur unabweisbaren Notwendigkeit geworden sein sollte“. Es wird dann hingewiesen auf den wesentlichen Unterschied, dass für die Laien „die grundherrlichen Rechte nur eine Quelle von Einkünften ohne gegenseitige Verpflichtung zur Leistung unentbehrlicher Dienste an die Grund- und Zehntholden“ darstellten, während diese grundherrlichen Rechte bei dem Klerus „die wesentlichsten Bestandteile der primitiven Dotationen der katholischen Pfarreien ausmachten und an den Genuss derselben für die Inhaber der Pfarrpfründen die Verpflichtung zur Pastorierung der Pfarrgemeinden geknüpft sei“. Es würden weiterhin dem Klerus die besten und angemessensten Mittel zur Erleichterung und Unterstützung der

---

1 Wörtlich abgedruckt in den Historisch-politischen Blättern, herausgegeben von G. Philipps und G. Goerres, J. 1848 Seite 579 ff.

Armut genommen werden. Bei den kirchlichen Stiftungen würde vielfach durch die beabsichtigte Reform die Erfüllung des Stiftungszweckes in Frage gestellt und Zwecke der Wohlthätigkeit und des Unterrichts auf das Schwerste geschädigt werden", — „jeder ungerechtfertigte Angriff auf das Vermögen der Kirche und der frommen Stiftungen aber sei in der Geschichte immer mit eigentümlichem Unsegen verbunden, meist der Vorbote grosser und allgemeiner Kalamitäten für die soziale Ordnung der Staaten gewesen!" Sollte sich die Umwandlung der Gefälle nicht mehr umgehen lassen, dann müsste wenigstens ein Modus gewählt werden, „welcher für die Sicherheit der Fonds und der Gefälle Bürgschaft leistet"; so könnte bei den unständigen Grundrenten höchstens an eine Fixierung im Körnermass gedacht werden, die Laudemien wären nach billiger Schätzung in Mayerschaftsfristen umzuwandeln, „vielfach dürfte die Zehentlast auch durch Abtretung eines entsprechenden Grundstückes surrogirt werden;" das ganze Geschäft der Fixierung müsste jedenfalls durch den Staat und seine Beamten besorgt werden, damit nicht zahllose Streitigkeiten zwischen dem Klerus und dem Volke entstünden. Sollten aber die Zeitverhältnisse sich nicht mehr mit solcher Fixirung der kirchlichen Zehenten und Grundrenten begnügen, sondern eine Ablösung derselben in Geld erzwingen, so „könnten wir dies nur als ein grosses Übel und als ein allgemeines Unglück betrachten, und zwar selbst in dem Falle, wenn ein Geldkapital geboten würde, welches mit dem gegenwärtigen Werte der Naturalbezüge noch in einem billigen Verhältnis steht; denn der Geldwert ist nach der Erfahrung sehr wandelbar und in fortwährendem Sinken begriffen, während die Naturalien im gleichen Verhältnisse im Werte steigen; und die Sicherheit der Fonds würde verloren gehen, die allein im Grund und Boden liegt."

Schliesslich mag noch an einem Beispiel gezeigt werden, in welchem Tone die katholische Tagespresse zu den Reformplänen Stellung nahm. Am 3. Juni, am letzten Tage vor der Verkündigung des Gesetzes, brachte die Augsburger Postzeitung eine Korrespondenz „Von der Isar", worin die Verzögerung des Landtagsabschiedes mit dem Ablösungsgesetze in Verbindung gebracht wird, über dessen unheilvolle Folgen erst allmählig vielen die Augen aufzugehen scheinen. Dann heisst es weiter: „Das Gesetz involvirt einen Konkordatsbruch, das mögen die Räte der Krone wohl überlegen, ehe es zu spät ist, denn drei Millionen Katholiken werden es nicht stillschweigend hinnehmen, wenn der zwischen der bayrischen Krone und dem Oberhaupt der katholischen Kirche feierlich geschlossene Vertrag wegen angeblicher Forderungen der Zeit, von denen übrigens das Volk nichts wissen will, da etliche Schreier noch nicht das Volk sind, gebrochen wird. Sie werden sich, das lässt sich mit Sicherheit erwarten, wie ein Mann in Adressen und Petitionen erheben und zeigen, dass, wenn auch die Minister und die Mehrheit der eingeschüchterten Kammern allen Rechtsinn verloren haben, doch das Volk noch zwischen Recht und Unrecht zu entscheiden weiss." [1]).

Man würde übrigens unrecht thun, wenn man der schroffen Stellungnahme dieser Kreise gegenüber sich nicht vergegenwärtigen wollte, dass hier in der That die bevorstehende Reform die ernstesten Befürchtungen wecken musste. War es doch selbstverständlich, dass hier diese Reform eine völlig unübersehbare wirtschaftliche Umwälzung mit sich bringen musste in Verhältnissen, deren Leitung in den Händen von Personen lag, die nach ihrer ganzen Lebensstellung und Vorbildung der Bewältigung von verwickelten ökonomischen Aufgaben voraussichtlich nicht gewachsen waren. Dass in diesen Kreisen eine gewisse Angst vor dem „Papier", das nunmehr an die Stelle der bisherigen Naturalgefälle treten sollte, in weitem Umfang Platz greifen konnte, ist durchaus erklärlich.

Trotz dieser gefährlichen Gegnerschaft, die dem Gesetzentwurfe in einem so wichtigen Teile der gesetzgebenden Factoren entstand, fand er in den beiden Kammern eine rasche Erledigung: am 18. April war er eingebracht worden,

---

1 Vgl. dazu Historisch-politische Blätter, J. 1848 p. 589.

und binnen 4 Wochen, bis zum 23. Mai, war bereits eine Einigung zwischen den beiden Kammern erzielt. Auf die einzelnen Schicksale des Gesetzes bei den Kammerverhandlungen näher einzugehen, würde dieser mehr skizzenhaft gehaltenen Darstellung nicht entsprechen. Wir müssen uns damit begnügen, einfach in Kürze festzustellen, in welchen wesentlichen Punkten die Regierungsvorlage abgeändert oder ergänzt worden ist.[1]

Ausser der Gerichtsbarkeit wurde auch die standes- und gutsherrliche Polizeigewalt aufgehoben, beide, Gerichtsbarkeit und Polizei, vom 1. Oktober 1848 ab; dabei wurde denjenigen Gutsbesitzern, welche die Abtretung der Gerichtsbarkeit bis zum Tage der Einbringung des Gesetzentwurfs in die Abgeordnetenkammer (18. April) erklärt hatten, die in dem Gesetze vom 28. Dezember 1831 festgesetzte Entschädigung zuerkannt.

Die Ankündigung eines besonderen Gesetzes über die Aufhebung der gutsherrlichen Patronatsrechte wurde gestrichen, da solche Rechte nicht nur den Gutsherrn, sondern auch andern Privaten, Gemeinden und Stiftungen zustünden.

Für die Aufhebung der Naturalfrohndienste wurde als Zeitpunkt der 1. Januar 1849 bestimmt; dabei wurde von den ohne Entschädigung aufzuhebenden Naturalfrohndiensten diejenigen ausgenommen, „für welche nach Ausweis der Bezugsregister und der gepflogenen Liquidationen unter alternativem Vorbehalte der Naturalleistung ein bestimmter Geldbetrag erhoben werden konnte.“

---

[1] Der Gesetzentwurf nebst Motivierung, eine der wichtigsten Reden über den Entwurf (von dem Abgeordneten Dr. Schwindl), die Beschlüsse der kombinierten Ausschüsse, die motivierte Beschlussfassung der Kammern und schliesslich das Gesetz selbst nebst den wichtigeren auf die einzelnen Abschnitte desselben bezüglichen Gesetze, Verordnungen und Instruktionen finden sich hübsch zusammengestellt in dem Werke: Dr. Gerstner, Systematische Entwicklung des Gesetzes vom 4. Juni 1848, die Aufhebung der standes- und gutsherrlichen Gerichtsbarkeit, dann die Aufhebung, Fixierung und Ablösung von Grundlasten betreffend. Ansbach 1850, 2 Bände.

Ausser dem Blut- und Neubruchzehent wurde auch der Kleinzehent ohne Entschädigung aufgehoben, wo er nicht bereits seit 30 Jahren hergebracht oder durch Vertrag, Vergleich oder richterliches Erkenntnis anerkannt war.

Eingeschoben wurde eine Bestimmung über die Waiderechte: das Waiderecht auf Äckern während der Fruktifikation und auf Wiesen während der Hegezeit wurde ohne Entschädigung aufgehoben, und bestimmt, dass die Ablösung der Waiderechte auf Gemeindemarkungen oder sonstigen Waidedistrikten zu erfolgen habe auf Verlangen der Mehrheit der Verpflichteten, wenn sie für den ganzen Komplex des Berechtigten beantragt werde.

Bezüglich des Überganges der Grundgefälle an den Staat wurde die Bestimmung aufgenommen, dass dieser Übergang nur auf ausdrückliches Verlangen der Berechtigten erfolgen solle; bei den Stiftungen und Kommunen haben die gesetzlich bestehenden Verwaltungen derselben vollkommen freie Hand, sich für oder gegen solchen Übergang der Grundgefälle an den Staat zu entscheiden.

Die Regelung der Holz- und Streurechte sowie der Waiderechte in den Waldungen und Gebirgen wurde einem besonderen Forstpolizeigesetze vorbehalten.

Bei der Festsetzung, dass der Pflichtige seine fixirte Grundabgabe jederzeit durch baare Erlegung des Achtzehnfachen ihres jährlichen Betrages ablösen könne, wurde die weitere erleichternde Bestimmung hinzugefügt, dass diese jederzeitige Ablösung „ganz oder teilweise“ erfolgen kann.

Hinsichtlich der von der Staatskasse für die Grundabgaben zu leistenden Vergütung wurde noch bestimmt, dass den Stiftungen der Wohlthätigkeit, des Unterrichts und des Kultus, auch wenn sie ihre Renten und Ablösungskapitalien nicht in das Eigentum der Ablösungskasse übergehen lassen, doch seitens der Staatskasse die Entschädigung bis zum zwanzigfachen Betrage gewährt wird.

Während endlich der Gesetzentwurf die Durchführung des Ablösungsgeschäftes der Staatsschuldentilgungs-Kommission überwiesen und die näheren Ausführungsbestimmungen einer besonderen Instruktion vorbehalten hatte, führten die Verhandlungen der Kammern zur Einfügung neuer Paragraphen in das Gesetz, wonach „bei der Staatsschuldentilgungs-Anstalt eine eigene Ablösungskasse errichtet wird, die unter der Mitaufsicht ständischer Kommissare das ganze Ablösungsgeschäft nach den im gegenwärtigen Gesetze enthaltenen Bestimmungen, jedoch gänzlich getrennt von der Verwaltung der Staatsschulden und ihrer Fonds zu besorgen hat."

In dieser Weise abgeändert konnte die am 18. April den Kammern zur Beratung vorgelegte Regierungsvorlage bereits am 4. Juni als Gesetz veröffentlicht werden, und in weniger als zwei Monaten war also, unter dem Drucke der politischen Stürme, in der Frage der Grundentlastung, die zuvor Jahrzehnte lang ohne Erfolg erörtert worden war, der entscheidende Schritt geschehen. Zur vollen praktischen Durchführung des Grundgedankens dieses Ablösungsgesetzes, Befreiung des Bodens von den grundherrlichen Lasten, waren allerdings noch weitere Massregeln nothwendig.

Das Ablösungsgeschäft wies in den beiden Jahrzehnten nach Erlass des Gesetzes nicht die Entwicklung auf, die man erwartet hatte. Nach den Beschlüssen der Abgeordnetenkammer hatte das Gesetz vom 4. Juni 1848 im Gegensatze zu der Regierungsvorlage den Uebergang der Grundgefälle in das Eigenthum des Staates von dem Verlangen der Berechtigten abhängig erklärt. Dieses Verlangen wurde seitens der Berechtigten nicht allgemein geltend gemacht. Obwohl in den Finanzgesetzen von 1856 und 1861, um für das Ablösungsgeschäft des Staates eine feste Grundlage zu schaffen, Praeklusivfristen festgesetzt werden, nach deren Ablauf weitere Ueberweisungen von Renten an die Grundablösungskasse des Staates ausgeschlossen sein sollten, waren doch bis zum Jahre 1870 von den rund 6½ Millionen Gulden Grundgefällen des Jahres 1848 noch mehr als 1½ Millionen nicht an den Staat abgetreten. Andererseits machten die Pflichtigen in auffallend beschränktem Masse von dem Rechte der Ablösung Gebrauch: in den ersten 15 Jahren nach dem Ablösungsgesetz wurden im Ganzen nur 195 156 Gulden abgelöst, sodass also durchschnittlich nur etwa 13 000 Gulden auf jedes Jahr treffen. Die Umwandlung der Grundgefälle in Bodenzinse allerdings, mit der die bewusste Minderung der Leistungen verbunden war, liess man sich ganz allgemein gefallen. Der so geschaffene Zustand musste mit der Zeit für die Besitzer von Grundrenten, soweit sie ihre Renten nicht an den Staat abgetreten hatten, sehr unangenehm werden, namentlich bei der nunmehrigen vollständigen Freiheit der pflichtigen Grundbesitzer, ihren Grundbesitz jederzeit zu veräussern. Für die staatliche Ablösungskasse aber war, wie Pötzl einmal sehr treffend bemerkt, zu fürchten, dass sie den Charakter einer bleibenden Leihanstalt annehmen werde, die für unabsehbare Zeit von Jahr zu Jahr nur fortdauernde, aus der Staatskasse zu ersetzende Verluste zu verrechnen haben würde. Es drängten daher die Kammern auf gesetzgeberische Massregeln hin, die im Stande wären, die Ablösung der Bodenzinse durch Baarzahlung oder Annuitäten in rascheren Gang zu bringen. Das Ergebniss dieses Drängens war das Gesetz vom 28. April 1872,[1] das einerseits die Wiederaufnahme der Überweisungen, andererseits die wirkliche Tilgung der meisten alten Grundgefälle oder der an ihre Stelle getretenen Abgaben endgültig regelt. In ersterer Beziehung wird in diesem Gesetze bestimmt, dass die bisher noch nicht an die Ablösungskasse überwiesenen Grundgefälle nunmehr neuerdings bis zum 1. April 1873 angemeldet und bis zum 31. Dezember 1875 überwiesen werden können. Bezüglich der endgiltigen Tilgung aber unterscheidet das Gesetz zwischen den kleinen und den grösseren Abgaben. Alle Grundabgaben, die von einem belasteten Objekte an einen

[1] Über die Geschichte und den Inhalt dieses Gesetzes vgl. die ausgezeichnete kleine Schrift: „Das Gesetz die Grundentlastung betreffend vom 28. April 1872. Von Dr. J. Pözl, Professor der Rechte und der Staatswissenschaft. München 1873.“ Der gleiche Verfasser hat auch über den Gang der ganzen auf Grundentlastung gerichteten Gesetzgebung in gleich meisterhafter Weise geschrieben in „Die Gesetzgebung des Königreich Bayern seit Maximilian II. mit Erläuterungen, herausgegeben von Dr. C. F. Dollmann, Erlangen 1855, 1. Band, S. 153 ff., allerdings von rein juristischem Standpunkte aus.

Berechtigten im Betrage von höchstens 6 Kreuzern zu entrichten sind, müssen bis zum 1. Januar 1876 baar durch Erlag des entsprechenden Ablösungs-Kapitals abgelöst werden; von den grösseren Leistungen sind diejenigen, die an die Ablösungskasse des Staates zu entrichten sind, mit Annuitätenzahlung bis einschliesslich 1934 zu tilgen; die nicht an die Ablösungskasse überwiesenen Renten beziehungsweise die entsprechenden Bodenzinskapitalien können sowohl von den Pflichtigen wie von den Berechtigten bis zum 31. Dezember 1875 gekündigt und entweder durch Baarzahlung oder mit Annuitäten beseitigt werden.

Wenn wir den ganzen Verlauf der bayrischen Gesetzgebung, wie er hier zu schildern versucht worden ist, überblicken, so tritt uns als Kern derselben deutlich das Bestreben entgegen, die wesentlich auf dem Verhältnisse der Grundherrlichkeit beruhende Gebundenheit des bäuerlichen Besitzes zu beseitigen und damit uralte Überbleibsel mittelalterlicher Wirthschaftsverfassung aus der Welt zu schaffen. Der Schwerpunkt bei diesem Verhältnisse lag unzweifelhaft in den Abgaben, die der Bauer seinem Grundherrn schuldete; ein neuzeitlicher gutsherrlicher Grossbetrieb, dessen Arbeitsverfassung fast ausschliesslich auf den Arbeitsleistungen unfreier Bauern beruhte, spielt in Bayern keine Rolle.

Daraus ergibt sich, dass die Aufgabe in Bayern bedeutend leichter war als in Preussen. Hier musste die Erbunterthänigkeit, die sich seit dem 16. Jahrhundert ausgebildet hatte, aufgehoben und für den gutsherrlichen Grossbetrieb, der bisher wesentlich mit Frohndiensten unfreier Bauern gewirthschaftet hatte, eine neue Arbeitsverfassung geschaffen werden, nachdem ein Theil der Bauern von den Frohndiensten befreit und unter Verkleinerung ihres bäuerlichen Besitzes zu Eigenthümern gemacht worden waren. In Bayern dagegen hat es sich in der Hauptsache darum gehandelt, die verschiedenartigen Besitztitel ohne Veränderung der Besitzgrösse in Eigenthum zu verwandeln, die an den Grundherrn zu entrichtenden Abgaben genau zu bestimmen, sie einheitlich zu machen, zu ermässigen und für ihre Ablösung den geeigneten Weg zu öffnen. Dieser letztere fand sich in der Form von Annuitäten, die seitens der Pflichtigen eine Zeit lang an die Staatskasse zu entrichten sind, bis die Tilgung vollzogen ist, während die Berechtigten mit Schuldverschreibungen des Staates entschädigt werden.

Das ist der Sinn der bayrischen Ablösungsgesetze, die zu den grossen Massregeln süd- und westdeutscher Grundentlastung gehören, und mit deren Hülfe bei dem Bauernstande freies Eigenthum hergestellt worden ist: ein Ziel, das in Bayern, wie überhaupt westlich der Elbe, wesentlich leichter als im Osten Deutschlands zu erreichen war.

FSC
www.fsc.org
MIX
Papier | Fördert gute Waldnutzung
FSC® C083411

Kolibri 360 GmbH
Ferdinand-Jühlke-Straße 7
99095 Erfurt, Deutschland
produktsicherheit@kolibri360.de